北条氏の時代

本郷和人

文春新書

1337

はじめに

二〇二二年一月から、NHK大河ドラマ『鎌倉殿の13人』が始まります。この時代をテーマにした大河ドラマは二〇一二年の『平清盛』以来です。『平清盛』では、私も時代考証でお手伝いしましたが、やはり大河というと、戦国時代か幕末が強い。鎌倉時代はどうしてもマイナーなイメージがつきまといます（今回の大河で、そのイメージが少しでも改まることを期待していますが）。

しかし、鎌倉時代を専門とする私としては声を大にして言いたい。鎌倉時代こそ、日本史の大きな転換点であると同時に、ドラマティックな面白い時代でもあるのです。

まずこの時代に、武士が日本史の新しい主役として登場します。朝廷を中心とした従来の支配体制に対して、彼らは軍事力によって、自分たちの権利を認めさせていきました。

もうひとつの特徴は、それが東国に基礎を置いていたことです。近世以前の日本の歴史は一貫して西高東低です。先進地域の西国が、遅れた関東・東北を従えるという構図に対し、源頼朝は鎌倉を拠点とする政権をつくり上げました。そしてはじめは関東ローカルの存在に過ぎなかった鎌倉幕府が、承久の乱、元寇などを経て、全国的な政権へと成長していったのです。つまり、鎌倉時代は、日本史の舞台を大きく東へと拡大した時代でもあるのです。

また、鎌倉時代は血なまぐさい、そして人間くさい戦いと陰謀の時代でもありました。武士のパワーの源泉は軍事力です。最後には力のある者が勝つ。それが彼らの基本原理でした。しかし興味深いのは、暴力と陰謀に明け暮れていた武士たちが、やがて「世論」の力を知り、さらには「統治」や「法による支配」に目覚めていったことです。

その鎌倉時代の主人公が「北条氏」でした。源頼朝が始めた鎌倉幕府ですが、源氏の将軍はたった三代で終わってしまいます。頼朝の死後、関東武士のリーダーをつとめたのは、時政、義時、泰時、時頼、時宗とつづく北条家の人々でした。

彼らは頼朝のように高貴な出自でもなく、当時の辺境といっていい関東の伊豆地方を拠点とする、ほとんど無名の一族でした。それが百年以上にわたり、日本を動かす集団のリーダーとなったのです。これも日本史上、画期的なことだといえるでしょう。

その北条氏のリーダーたちを見ていくことで、鎌倉時代を通史として捉えよう。それがこの本の目的のひとつです。そして、もうひとつの試みは、時政、義時以降、歴史に名を残した北条一族の個性、彼らが果たした歴史的役割を、リーダー論として論じてみよう、というものです。

実は、義時、泰時、時頼といったリーダーたちは、必ずしも生まれながらにしてトップの座を約束されていたわけではありません。北条家の嫡男とみなされていた存在は別にいて、彼らはさまざまな局面でその「実力」を示すことにより、リーダーとして認められていったのです。私はそれを「実力（武力、陰謀力）」、「人脈力（結婚などによる関係構築、人材登用）」、そして「根回し力（武士たちの「世論」を読む力）」の三つで説明できると考えています。

このうち、武力、陰謀力にはなんといっても決定力があります。ライバルの首を取ってしまえば、勝負あった、という世界です。しかし、これには当然、リスクが伴います。相手のほうが強かったら逆に滅びてしまいますし、一度、勝利をおさめても、勝ち続けられるという保証はどこにもありません。また力でねじ伏せた相手には必ず恨みを買います。将来に禍根が残り続けるのです。

この時代の人脈力で最も大きいのは、家族の力です。ライバルとの戦いの中で、最も頼りになるのはやはり一族です。しかし、その一方で、一族の内部でも熾烈《しれつ》な主導権争いが起こります。一族は最大の味方であると同時に、最大の敵でもある。これは、北条氏の歴史を見るうえで重要なポイントになるでしょう。

そして、私が本書で特に強調したいのは、「世論」の力です。鎌倉幕府は関東武士たちによる、関東武士たちのための政権として出発しました。そこで重要となったのは、いかに多くの味方を集めるかだったのです。一時的にイニシアティブを握っても、武士たちからの支持が得られなくなると、あっという間に失脚してしまう。

食うか食われるかの関東武士の世界でサバイバルし続けた北条氏はこの三つの力を駆使して、鎌倉幕府のリーダーとなっていったのです。そこには現在にも通じる、日本型リーダーシップの原型があるといえるでしょう。

北条氏の時代◎目次

凡例

史料の引用に関しては、読者の読みやすさを考え、旧字を新字に直す、カタカナを平仮名に直す、一部（　）で言葉を補うなどした。またルビも新たに加えている。

特に明示していない史料の現代語訳は著者によるものである。

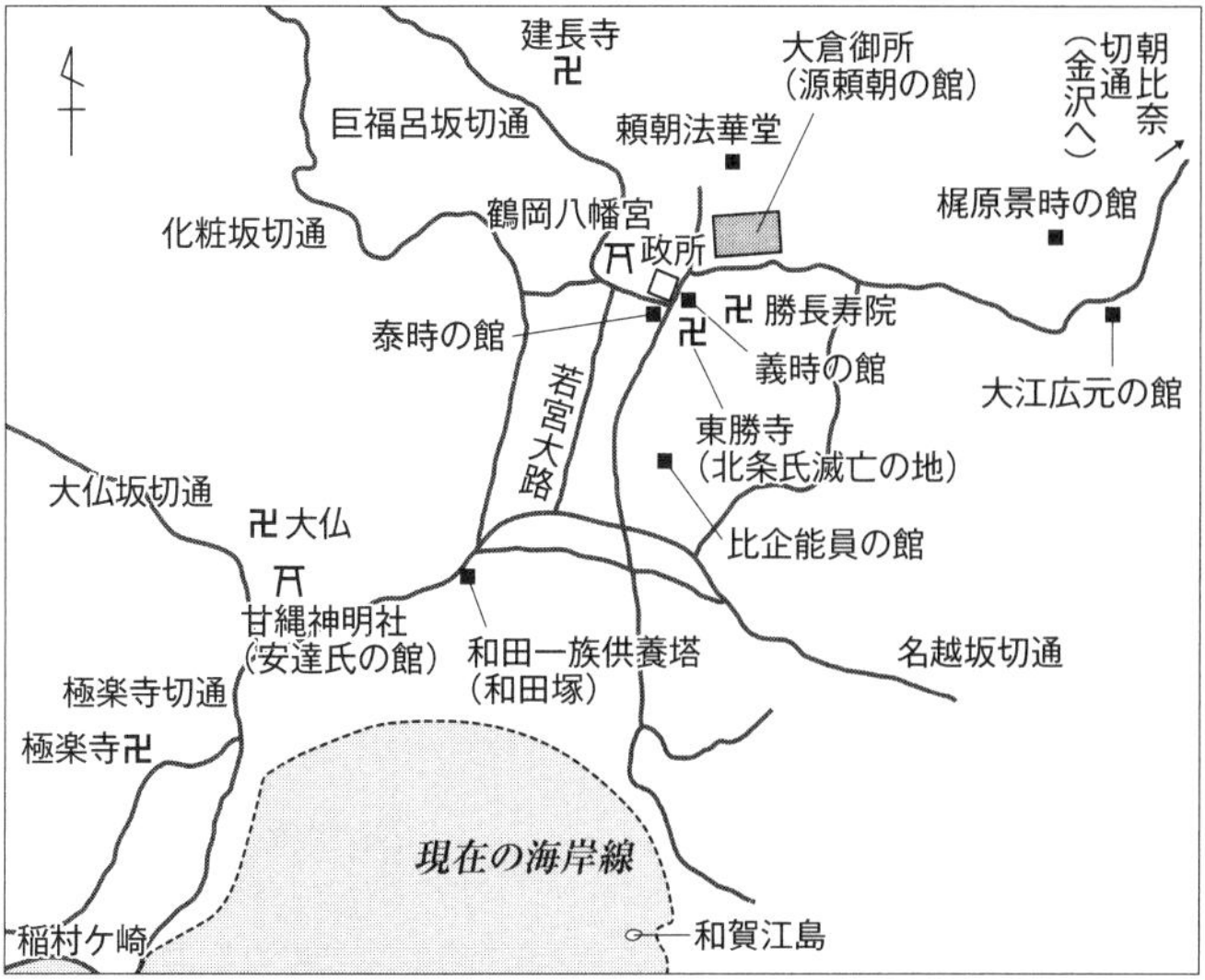

中世の鎌倉の地図（館跡は推定）

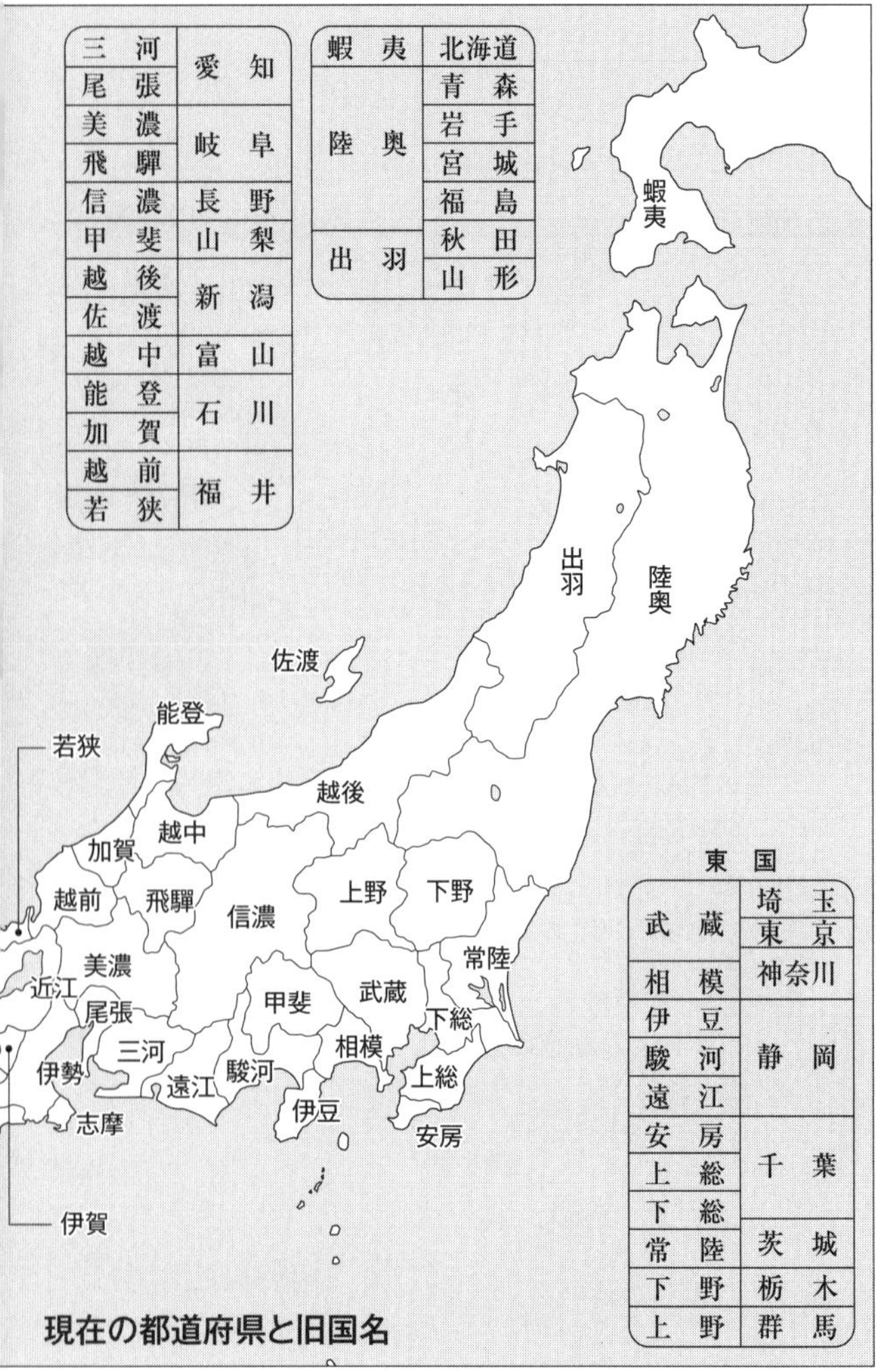

三河	愛知
尾張	
美濃	岐阜
飛驒	
信濃	長野
甲斐	山梨
越後	新潟
佐渡	
越中	富山
能登	石川
加賀	
越前	福井
若狭	

蝦夷	北海道
陸奥	青森
	岩手
	宮城
	福島
出羽	秋田
	山形

東国

武蔵	埼玉
	東京
相模	神奈川
伊豆	静岡
駿河	
遠江	
安房	千葉
上総	
下総	
常陸	茨城
下野	栃木
上野	群馬

現在の都道府県と旧国名

筑前	福岡
筑後	
豊前	
豊後	大分
肥後	熊本
肥前	佐賀
壱岐	長崎
対馬	
日向	宮崎
大隅	鹿児島
薩摩	
琉球	沖縄

阿波	徳島
土佐	高知
伊予	愛媛
讃岐	香川
備前	岡山
美作	
備中	
備後	広島
安芸	
周防	山口
長門	
石見	島根
出雲	
隠岐	
伯耆	鳥取
因幡	

山城	京都
丹後	
丹波	
但馬	兵庫
播磨	
淡路	
摂津	
和泉	大阪
河内	
大和	奈良
近江	滋賀
伊賀	三重
伊勢	
志摩	
紀伊	和歌山

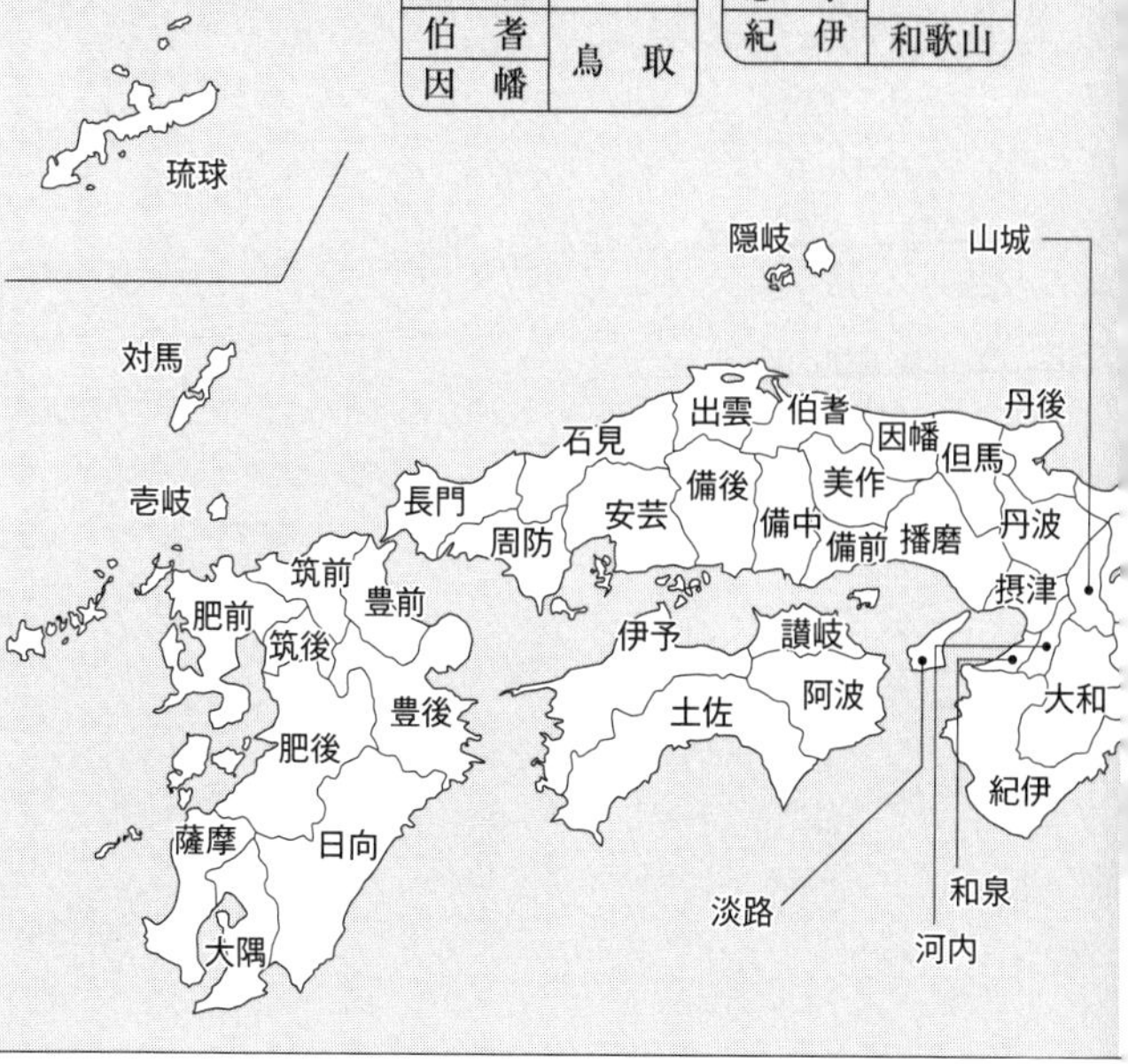

【北条氏系図】

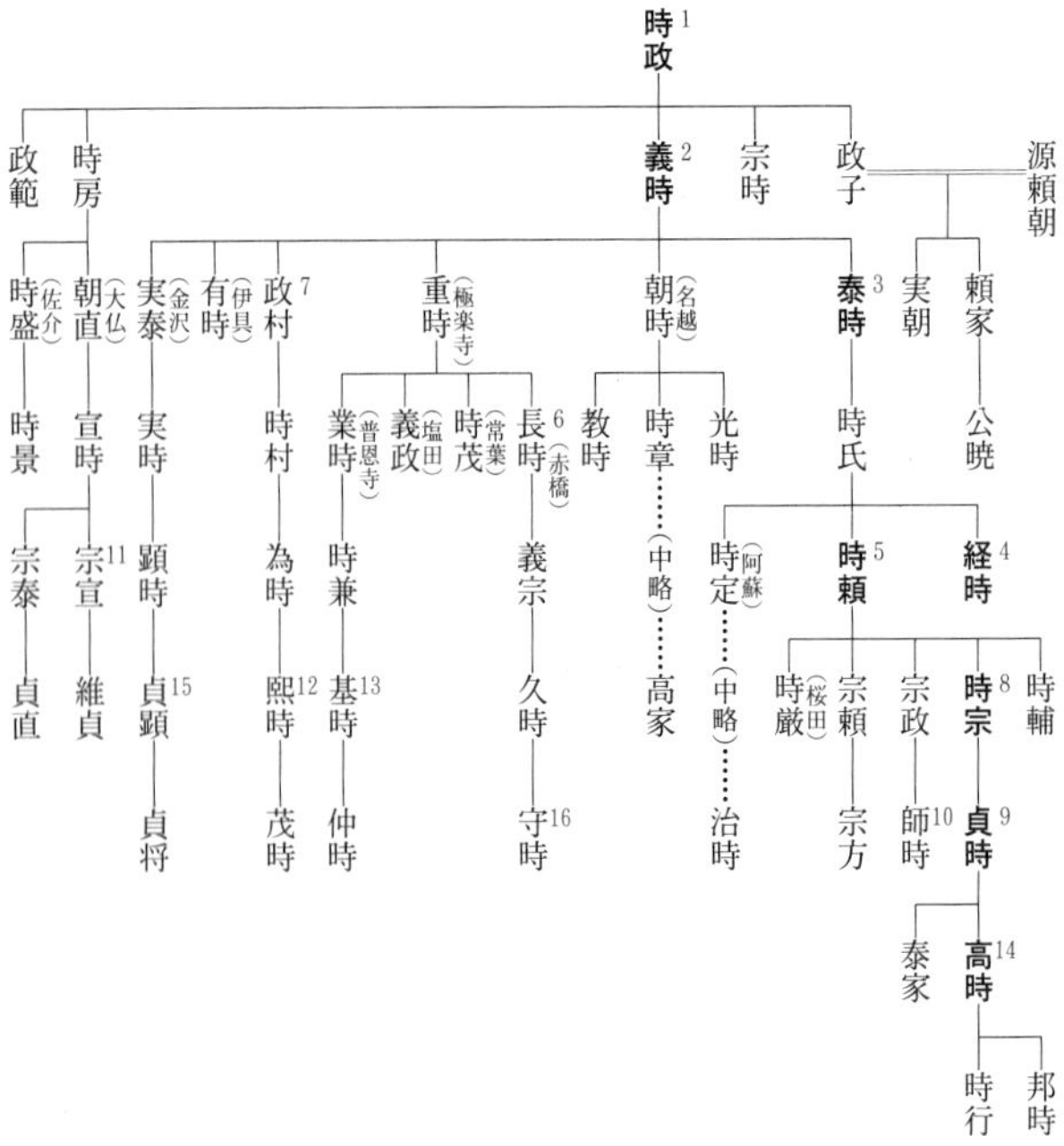

※太字は北条本家の当主（得宗）
※数字は執権の代数

【天皇家系図】

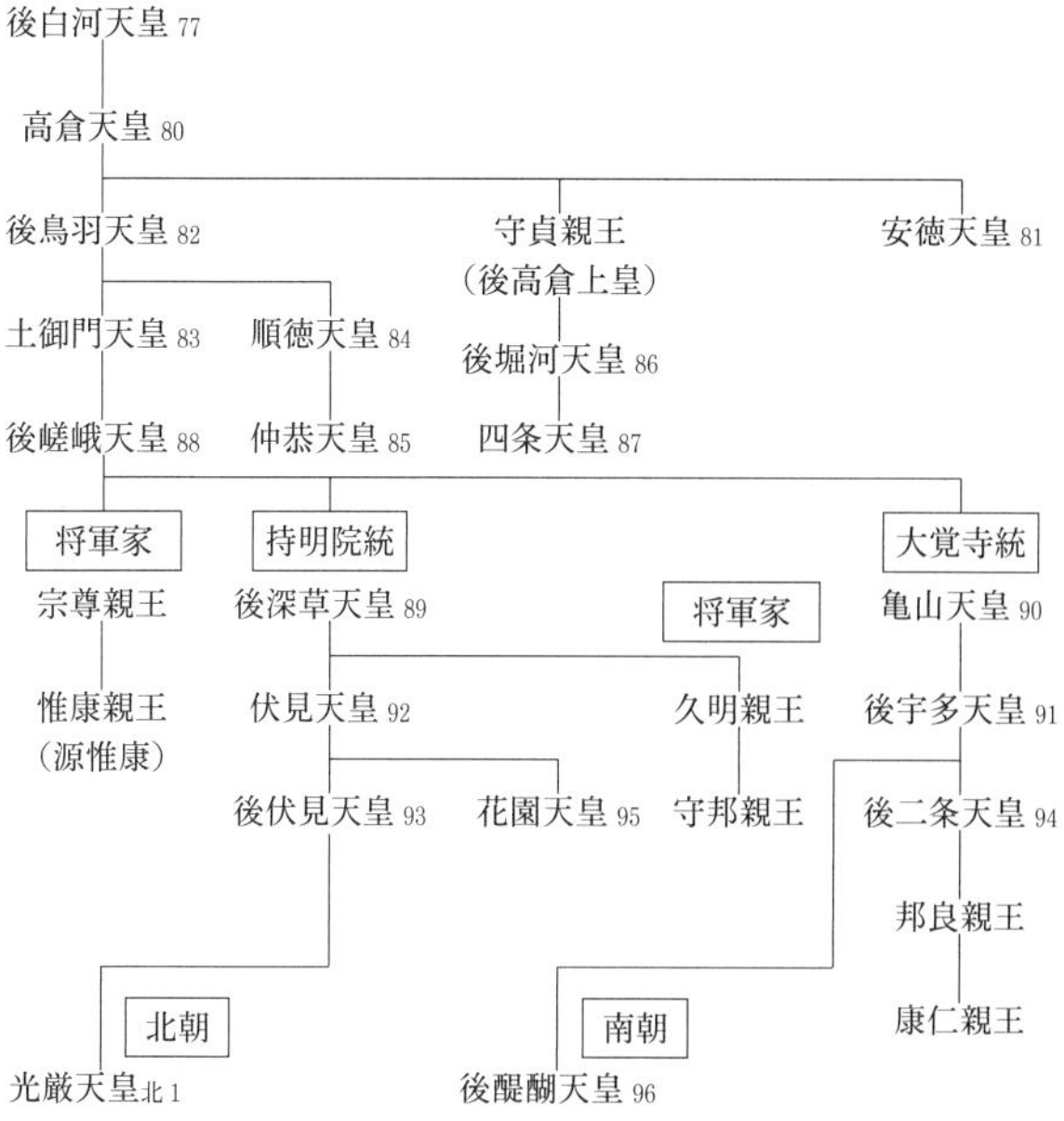

※数字は天皇位の代数

第一章　北条時政――敵をつくらない陰謀術

北条氏の出身地

まず北条《ほうじょう》氏とは何者であり、どこから来たのかから見ていきたいと思います。北条時政《ときまさ》（一一三八～一二一五）以前の北条氏は、実はよくわからないことも多い。史料も少なければ、記述も少なく、もっといえば、大した一族ではなかった。むしろ、そこに北条氏の最大の特徴があるといえます。

それまでこの国で支配的な立場となったのは、大王《おおきみ》（天皇）とその周辺の豪族でした。源氏にしても平氏にしても元をたどれば天皇の一族です。そうした出自をもたない、地方の無名の一族がはじめて日本のリーダーとなった。そこに北条氏の歴史的重要性があるといえるでしょう。

平安時代後期、北条氏は伊豆国（現在の静岡県）に暮らしていました。伊豆半島の西側、三島から少し南に下ったところに幕末につくられた反射炉が世界遺産になった韮山《にらやま》（現在の伊豆の国市）があります。この韮山の西側に北条と呼ばれる地域がありましたが、ここが北条氏発祥の地になります。

現在でも北条政子《まさこ》（一一五七〜一二二五）の産湯に使ったとされる井戸や時政の墓などのゆかりの史跡があり、北条氏発祥の地であることがよくわかります。この中で注目されたのは、一九九二年から行われた北条氏の館の発掘調査でした。伝承のあった場所を実際に掘り進めると大きな建物跡が出てきたのです。

このことから、北条氏はもともと非常に豊かで大きな勢力をもっていた武士ではなかったかという説があります。しかし、私が文献史料にあたった限り、時政以前にこの説を裏付けるような記述は何一つ出てきません。

鎌倉北条氏の初代となる北条時政は、鎌倉幕府の作った歴史書『吾妻鏡《あづまかがみ》』では、北条四郎と記されています。さらに同書では時政を「当国の豪傑」としていますが、これは他に特筆すべきことがないときの常套句《じょうとうく》です。平家の血を引いているとされるのは、嘘ではないとは思いますが、実際にどのような家系なのかというと、いまひとつはっきりとはしていないのです。

しかも、時政は北条一族の中でも本家ですらなかった可能性があります。『吾妻鏡』には、北条平六傔仗時定《へいろくけんじょうときさだ》（一一四五～九三）という武士が出てきます。時定は時政の従兄弟とされ、親族であることは間違いありません。面白いことに彼は地方の武士に与えられた下級官職「傔仗」を早い時期から名乗っています。時政が単なる「四郎」ですから、時定の方が身分が上だったことになるのです。その点から、そもそも時定の家が北条本家で、時政は傍流だったのではないかと考えることもできます。時政は、子孫たちが編纂した『吾妻鏡』でも「富を持っていた」とか「高貴な出である」などと記されていないのですから、実際にそうだったのでしょう。

さて、北条氏の実力について数字の面でも見てみましょう。時代が下るのですが、源《みなもとの》頼朝《よりとも》（一一四七～九九）と旗揚げする際に、ひとつの参考になる数字があります。この合戦は、巨大な平家の軍勢を相手に戦うわけですから、北条時政は持てるすべてを動員して、サポートをしたはずです。仮に失敗することがあれば、北条氏も平家によって滅ぼされてしまうことは確実だからです。

背水の陣で臨んだはずの時政ですが、『源平盛衰記』によれば、源頼朝の決起の際に集まったのは九十騎とあります。『吾妻鏡』には頼朝直属の部下が四十六騎いたとありますから、残りの四十騎余りは時政が用意した可能性が高い。この時代、一国を代表する武士であれば、三百人ぐらいの兵隊を動かせました。北条氏はどんなに頑張っても、五十人にも満たない武士を率いるのが精いっぱいの小さな存在だったのです。

ただし、単なる小さな田舎武士であっても、時政自身は特別な能力をもった人物であったと考えられます。それを端的に表しているのは、時政が残した直筆の手紙です。その手紙は京都の東寺に伝わる「東寺百合文書《とうじひゃくごうもんじょ》」に入っており、武士にしては字がきれいだし、内容もしっかりしていることがわかります。当時の武士の多くは、まともに読み書きができませんでしたから、これは特筆すべき能力でした。たとえば、同時代に伊勢にいた平家一門の武士が残した日記では、漢字がほとんど使われておらず、平仮名ばかりです。京都であれば貴族や僧侶など文字を書ける人がいくらでもいましたが、地方の武士で漢字を自然に使い、文章が書ける者はほとんどいなかったはずです。その意味で、北条時政は地元ではかなり目立つ存在だったといえるでしょう。

ここは推測ですが、北条時政は伊豆の国府にも出仕する武士だったと考えられます（伊豆の国府は現在の三島市にありました）。時政のような地方の武士は国府に仕える「在庁官人（地方公務員）」になることが普通だったからです。もし、平和な時代であれば、時政は地元で国府の仕事や荘園の管理に勤《いそ》しんで、生涯を終えていたでしょう。その時政に大きな転機が訪れます。それが源頼朝との出会いでした。

貴公子・源頼朝

飛ぶ鳥を落とす勢いの平清盛《たいらのきよもり》（一一一八～八一）を打倒すべく、源氏の棟梁・源義朝《よしとも》（一一二三～六〇）が京都で立ち上がったのは、一一五九（平治元）年のことです。この戦を平治の乱といいます。源氏の軍はあっさりと敗退し、義朝は逃亡の最中、尾張で討たれてしまいます。

義朝には多くの男子がいましたが、ひとかどの武士として活躍した長男の義平《よしひら》と次男の朝長《ともなが》は、平治の乱の後に死んでいます。まだ幼かった三男の頼朝も殺してしまえとなったわけですが、そこに「待った」がかかります。

義理の母の池禅尼《いけのぜんに》（父・忠盛《ただもり》の後妻、一一〇四？～六四？）から「亡くなった我が子家盛《いえもり》にそっくりな頼朝を殺さないでおくれ」と頼まれた清盛は、「それでは、流罪にしましょう」と答えました。

それを受けた池禅尼は「頼朝は私の責任でしっかりと監視するから」と土地勘のある伊豆に流すことにしたのでしょう。清盛にしてみると東の果て（と考えられていた）伊豆に流してしまえば、「死んだも同然だ」と思ったわけです。

そこで、伊豆という土地が大きなポイントになります。

伊豆には池禅尼の一族である池（平）家が所有する荘園がありました。大岡庄と呼ばれるその荘園は現在の沼津市あたりがすっぽりと入るくらいの大きさです。池禅尼にすれば、自分の目の届く伊豆に置いて、出入りの武士に監視させればいいと考えたわけです。ひょっとするとその武士の中に北条時政がいたのかもしれません。

池禅尼としては、「うちの荘園に出入りしている北条時政なら、平氏の血筋だし、字も書けて頭も切れる。監視役に相応《ふさわ》しい」くらいには考えたのかもしれません。

いずれにしても、池禅尼の嘆願によって、頼朝は命を救われました。ちなみに頼朝は生涯この恩を忘れませんでした。平家を滅ぼしたあとのことですが、平家の所領はまるごと没収され頼朝に与えられることになります（平家没官領《へいけもつかんりょう》と呼ばれます）。その中で、頼朝は池禅尼の子である平頼盛《よりもり》（一一三二～八六）の領地だけは「受け取れません」と辞退して、引き続き頼盛が支配できるよう取り計らっているのです。もちろん頼盛の命も助けられています。

頼朝、伊豆に流される

　頼朝が流されたのは、時政の本拠地の近くにある蛭ヶ《ひるが》小島《こじま》と呼ばれる場所です。多くの人が海に浮かぶ「島」をイメージすると思いますが、山間の盆地にある平地です。正確な場所は確定していないのですが、川の中州であったとも考えられています。

　頼朝は、この地で十四歳からの二十年を過ごします。この時期に培われた頼朝の人脈は、北条氏の時代になっても大きな影響を及ぼすことになりました。

　まず、伊豆時代に頼朝を経済的に支えた一族が、武蔵の有力武士だった比企《ひき》氏です。頼朝の乳母だった比企尼《ひきのあま》（生没年不詳）は、伊豆に流された後も経済的支援を続けました。つまり流人時代のパトロンだったのです。頼朝は比企氏への感謝を生涯忘れず、自分の長男で二代将軍となる頼家《よりいえ》（一一八二～一二〇四）の妻を、この一族から迎えています。この時代、有力者の乳母になることは一族をあげて支援する一蓮托生《いちれんたくしょう》の存在になることだったことがわかります。比企尼の甥で当主の比企能員《よしかず》（?～一二〇三）は、北条氏の初期のライバルになります。

京都の情報を頼朝に伝え続けたのが、下級貴族の三善康信《みよしやすのぶ》（一一四〇～一二二一）です。彼は頼朝の乳母（頼朝には数人の乳母がいた）の甥でした。三善康信はのちに東国に下り、頼朝のブレーンとなります。彼のような京下りの文官は、東国にはいない行政の手法や文書作成術などを知る実務官僚でしたから、頼朝が鎌倉幕府という組織をつくる上で重要な役割を果たすことになります。

次に、家来にも触れておきましょう。当然ですが、流人としてやってきた頼朝のような危険人物に仕えるもの好きはあまり多くはいません。その中で、注目すべきは藤九郎盛長《とうくろうもりなが》（一一三五～一二〇〇）という、名字もはっきりしない人物です。藤九郎は頼朝に可愛がられて、旗揚げ以来、軍功を重ねて大出世を遂げました。のちに陸奥の安達《あだち》を領地にしたことで、安達盛長を名乗ることになります。後年、幕府内で大きな力を持った安達氏の始祖です。

北条政子、頼朝と出会う

妻・北条政子との出会いも忘れてはいけません。頼朝は京都で生まれた貴公子ですから、伊豆では非常に目立つ存在だったのは間違いないでしょう。一方で、平家に逆らった流人であったために、婚姻関係を結ぶには非常なリスクを伴う人物でした。

　そんな頼朝が伊豆でまず見初めたのは、政子ではなく、伊豆は伊豆でも半島の東側にある伊東の武士・伊東祐親《いとうすけちか》（?～一一八二）の娘（通称は八重姫、生没年不詳）でした。この伊東氏は、北条氏と同じような地方武士の一人でした。伊東祐親が大番役《おおばんやく》（朝廷の警備）で京都に行っている隙に、頼朝はその娘と通じてしまったのです。さらには、二人の間に男の子も誕生しました。

　数年ぶりに祐親が帰宅すると、何と娘には子供がいた。聞けば、父親はあの源氏の御曹司だというではありませんか。祐親は怒ったのなんの。「平氏に目を付けられたらどうするんだ」と言って、その子供を殺してしまった。さらには、頼朝も亡き者にしようとして、討手を放ったのです。しかし、間一髪、祐親の息子の祐清《すけきよ》（?～一一八三）が危険を知らせたことで、頼朝は脱出に成功します。そして、ほうほうの体で北条時政のもとに逃げ込んだのです。

　この逸話は、曾我《そが》兄弟の仇討ちを描いた『曾我物語』に書かれています。「なんだ、物語だから史料的価値はないだろう」と思われる方もいるかもしれません。『曾我物語』は、『吾妻鏡』とほぼ同じ鎌倉時代末期に生まれたものですが、実在の武士も登場し、精査していくと単なる作り物ではなく、鎌倉時代の武士の実像をかなり反映している面があります。そこで、本書では『曾我物語』やほかの軍記物の記述でも、十分な検討をした上、史実とみられるエピソードや当時の武士の生き方をよく表しているものは、紹介していこうと思います。

　同書には頼朝と政子に関して、面白いエピソードが紹介されています。命からがら北条時政のところに逃げ込んだ頼朝は、懲りもせず今度は北条家の娘たちに目を付けます。どうもこの時、北条時政も大番役として京都に出張中だったらしい。主の隙を見て娘に手を出すのが、この頃の頼朝の「手口」だったのでしょう。頼朝はラブレターを書いて、「ちょっと、この手紙を渡してきてくれないか」と家来の藤九郎に渡します。頼朝は政子の妹を狙っていたようです。ところが藤九郎は、妹たちは頼朝に相応しくないと考えて一計を案じ長女の政子に手紙を届けたのです。

　当時としては異例のことですが、政子は二十歳を越えていたのに未婚でした。理由はよくわかりませんが、近隣の武士にこぞって嫁に欲しいと望まれるような女性ではなかったのかもしれません。

　ラブレターを届けられた政子は、すぐに頼朝と恋仲になりました。京都から帰って二人の仲を知った時政は伊東祐親と同じく、激怒して二人を別れさせようとします。しかし、八重姫と政子ではまったく違いました。政子は家を出て頼朝のもとに身を寄せ「頼朝様と結婚したい」と時政を説得します。

時政が並みの武士と違ったのは、最終的に政子の望みを受け入れて、頼朝との結婚を認めたことです。平家の敵である源氏の御曹司というリスクもわかった上で、「ひょっとするとチャンスがつかめるかもしれない」と、時政は北条氏の命運を頼朝に賭けたのです。

『吾妻鏡』の時政

『吾妻鏡』は、一一八〇（治承《じしょう》四）年、頼朝のもとに後《ご》白河《しらかわ》上皇の子である以仁《もちひと》王から「平家を討て」と書かれた令旨《りょうじ》（皇族の命令書）が届くシーンから始まります。このとき、頼朝が誰よりも先に令旨を見せたのが時政でした。

〈上総介《かずさのすけ》平直方《なおかた》朝臣の五代の孫にあたる北条四郎時政主《ぬし》は、伊豆国の豪傑であり、頼朝を聟《むこ》として以来、常に無二の忠節を頼朝に示していた。そこで頼朝は、真っ先に時政を呼んで令旨を開いて見せられた〉（『吾妻鏡』治承四年四月二十七日）

ここで、本書で幾度となく引用することになる『吾妻鏡』について触れておきましょう。

この書は、鎌倉幕府の命によって一三〇〇年ころに作られたとされる歴史書で、北条氏が自分たちの政権について記したものです。扱われた年代は一一八〇年から、一二六六（文永三）年の間の出来事になります。

当然ですが、北条氏が自分たちを正当化するために作らせたものですので、内容そのものを鵜呑《うの》みにすることはできません。歴史を研究する上で客観的な信用度では、手紙や行政文書が一番上で、次に日記となります。これらは同時代に書かれているからこそ価値が高い。後世に書かれたものは作為も入り、その分信頼性は落ちます。

その一方で、歴史的事象を幕府がどう考えていたのか、どのように後世に伝えようとしていたのかは『吾妻鏡』を読むとよくわかります。また北条氏に都合の悪いこともかなり書かれています。同時代の鎌倉の出来事は『吾妻鏡』にしか書かれていないことも少なくありません。私たち歴史学者の仕事は、同時代の史料（貴族の日記『玉葉《ぎょくよう》』や歴史書『愚管抄《ぐかんしょう》』など）と比較しながら、その一つ一つを精査していき、空白部分を考察し歴史を組み立てていくことなのです。

その意味で『吾妻鏡』は、信用のおけない部分もありますが、北条氏のありかたを知る上で、非常に重要な参考になる文献です。そもそも絶対的に信頼できる史料などありませんし、史料にすべてが書かれている訳でもありません。たとえば、頼朝の死の状況は『吾妻鏡』には書かれておらず、詳しい史料も残っていないのです。本書では、「これはいくらなんでも嘘だろう」と考えられるときには、「自分はこう考えている」という注釈をつけながら、利用していこうと思います。読みやすさを考えて『現代語訳　吾妻鏡』（五味文彦、本郷和人ほか編）から引用することにします。

「鎌倉幕府」の成立

頼朝が流人の身から幕府を開くまでの過程をつぶさに見て行くと、それだけで一冊の本が書けてしまうので、ここでは、鎌倉幕府の方向性を決めた重大なポイントに絞って紹介します。

一一八〇年八月に挙兵した頼朝は、まず伊豆の目代《もくだい》（地方の官吏）山木《やまき》兼隆《かねたか》を討ちます。その直後の石橋山の戦いで平家軍に敗れた頼朝は、海を渡って対岸の房総半島に逃げ延びました。ここで地元の有力者、千葉《ちば》常胤《つねたね》（一一一八〜一二〇一）や上総広常《かずさひろつね》（?〜一一八三）を味方につけます。中でも上総広常は、二万の兵を率いてきたと『吾妻鏡』に書かれています。私はこの当時の武士の動員力を試算しましたが、有力な武士でも三百人ぐらいが限界です。ただし、上総一国を支配していた広常であれば、さらに多くの大軍を動かせたのでしょう。二万はおかしいにしても、その後の広常の発言力を考えると、それまでの頼朝軍からは想像もつかない軍勢を連れて現れたことは間違いありません。

房総半島で態勢を立て直した頼朝軍は、その年の十月初旬には武蔵で畠山重忠《はたけやましげただ》（一一六四～一二〇五）ら有力な武士を従え、すぐに相模・鎌倉に至ります。この頃になると、関東一円の武士たちが次々と頼朝のもとに集まって、一大勢力となっていました。

私は鎌倉を本拠地にしたこの瞬間こそが、「鎌倉幕府」の誕生だと考えています。これまで何度も論じたことがありますが、ここで歴史好きの読者であれば、「えっ」と思うことでしょう。かつて学校で教えられていた鎌倉幕府の成立は一一九二（建久三）年の頼朝の征夷大将軍就任。いまでは守護・地頭が設置された一一八五（文治元）年とされています。しかし、これらの年はいずれも朝廷が頼朝の政権をオーソライズした瞬間です。朝廷が「お前を東国のボスと認めてやってもいいぞ」と言った年であり、主体は朝廷に置かれている。しかし、頼朝が作ったのは、「（関東）武士による武士のための集団」でした。だから「鎌倉幕府」をあくまで武士政権の誕生と捉えるならば、自分たちの意思で関東に本拠地を作った一一八〇年こそ「幕府」の成立とするべきだと考えています。

これを端的に表すエピソードがあります。鎌倉に入ったすぐあとの十月中旬に、頼朝軍は富士川で頼朝追討の平家軍を敗走に追い込みました。勢いのまま、京都へ攻め上ろうとするかと思いきや、上総広常ら有力な武士たちが頼朝に進言します。「頼朝様、我々は京都に行くよりも大事なことがあります。近隣にいる敵を討ちましょう」と提案したのです。近隣の敵を『吾妻鏡』では、「驕者、境内《けいだい》に多し」と記しています。この時、名指しされた敵が、常陸《ひたち》に勢力を誇った源氏の名門佐竹《さたけ》氏です。つまり、彼らは京都に上って平氏を討つことよりも、この地域で頼朝に従わないやつは、源氏だろうが平氏だろうが討ち滅ぼしてしまうことの方が重要だと考えたわけです。

頼朝はこれを受け入れました。一つには上総氏の兵力が頼朝軍で重きをなしていたからでもあったでしょう。軍事力と発言力はイコールなのです。しかし、それ以上に私が重視したいのは、このときの頼朝の政治的な洞察力です。

京都の生まれである頼朝には、故郷に錦を飾るという大望があったことでしょう。それをぐっと堪《こら》えて先に関東を平定しようと考えたのは、本当に大きな決断となりました。頼朝がいまやろうとしていることは何か。京都に入って平家の後釜に収まることなのか。そうではない、関東武士の自立こそが自分のなすべき仕事ではないのか。頼朝の作った政権は、基本的に「何よりも先に関東の事を考える」集団となったのです。この決断はその後も頼朝の一貫した姿勢となります。

私はこの頼朝をリーダーとするグループのことを「頼朝とその仲間たち」と呼んでいます。彼らが目指したのは「武士による、武士のための政治」を行うことでした。武士にとって命よりも大事なのが、自分たちの土地の権益を保証（安堵《あんど》）してもらうことです。

血筋もたしかな頼朝はその保証人としてうってつけの人物でした。血統だけなら、源氏の子孫は、傍流も含めれば足利《あしかが》氏、佐竹氏や武田《たけだ》氏などたくさんいます。しかし、頼朝は他の源氏と違い、期待に応《こた》えられるだけの器を持っていると多くの関東武士たちが考えたことが大きかったのです。

頼朝は自分に従う武士の土地を「俺が責任を持って保証しよう」と次々と安堵していきます。さらには、敵対勢力から奪った土地を褒美として与えていきます（新恩給与《しんおんきゅうよ》）。これが頼朝の権力の源泉でした。武士は頼朝に「御恩」を感じ、その命令に従うことになります（奉公）。この主従関係に組みこまれた武士を「御家人《ごけにん》」と呼ぶことになったのです。もし、頼朝に保証された土地を奪えば、立ちどころに頼朝と彼に率いられた御家人たちが攻め込んできて、叩きのめされる。「頼朝とその仲間たち」はそうした安全保障体制であったということができます。

頼朝と彼に従う武士たちがやろうとしたのは、朝廷の論理に依存することなく、あくまでも頼朝を中心に、関東武士独自のルールに基づいた世界を作ることだったのです。逆にいえば、京都と近くなる（京都の論理を受け入れる）ことは、グループ（幕府）のアイデンティティにかかわる致命的な問題になりました。

このグループは、後世「鎌倉幕府」などと仰々《ぎょうぎょう》しく呼ばれますが、この時点では、反平家軍に過ぎません（そもそも彼らは自分たちの「政府」のことを「幕府」とは呼んでいなかったのですが、わかりやすさを考えて本書でも幕府と表記します）。

この「頼朝政権」は「外交」も行いました。その相手は、「京都の朝廷」でした。朝廷に対して、自分たちが実効支配している土地の権利を認めさせる。この「外交」こそ、それまでの関東武士ができなかったことです。頼朝はそれを実現させたことで、関東武士の「長」となったのです。後述するように、北条時政が力を発揮したのも、この京都との「外交」でした。

まとめますと、関東武士に対しては土地などの権利保障を行い結束を固め、朝廷に対しては東国武士の自立を認めるように交渉すること。この二つが可能なのは、頼朝しかいなかったのです。このことは、鎌倉幕府の政策を考えるときに、非常に大事な要素になるので、是非覚えておいてください。

御家人を分類する

では次に「頼朝とその仲間たち」のメンバーである御家人の構造を詳しくみてみましょう。これを見ておくことで、後の北条氏の権力奪取が理解しやすくなります。

まず、もっとも重んじられたのが、頼朝の親族にあたる「門葉《もんよう》」です。源氏の一族である下野《しもつけ》の足利氏、信濃の平賀《ひらが》氏などがそうです。江戸時代に例えるなら「親藩」といったらイメージがしやすいでしょうか。ただし、頼朝の時代の場合、先祖をたどると清和《せいわ》源氏であるというくらいでは、門葉の扱いをされていません。はっきりとした定義は解明されていないのですが、頼朝以外の誰かの臣下になったことがあるような家は、門葉の扱いは受けていないのです。たとえば、新田《にった》氏です。これに対し門葉の扱いを受けると、将軍になれる可能性が出てきます。そのため後に述べるように鎌倉時代は、この門葉を神輿《みこし》に担いだ政変がくり返し起きています。事実、室町幕府をつくった足利尊氏《あしかがたかうじ》（一三〇五〜五八）は「門葉」の一員でした。

次に「家の子」です。彼らは頼朝の親衛隊といえるでしょう。北条義時《よしとき》（一一六三～一二二四）や結城《ゆうき》朝光《ともみつ》（小山政光《おやままさみつ》の子、一一六八～一二五四）など有力な御家人の二世が多いのが特徴です。後でも詳しく述べますが、義時のキャリアにとって、頼朝の側近として仕えることができたことは非常に意味があったといえます。

そして最後は、「侍」。これは普通の御家人のことを指します。この御家人たちにとって、大きな意味を持っていたのは、もともとの所領でした。特に重んじられたのは、伊豆、駿河、相模、武蔵の南関東四カ国です。ここの出身であれば、幕府の中枢に入ることが出来たのです。これまた江戸時代に例えるならば、譜代大名のようなものです。四カ国はただ隣り合ってつながっているだけでなく、箱根権現《ごんげん》、伊豆山権現という共通の神様を信仰していましたから、精神的な面でも固く結びついた人々でした。北条氏（伊豆）、安達氏（伊豆）、三浦《みうら》氏（相模）、和田《わだ》氏（相模）、梶原《かじわら》氏（相模）、畠山氏（武蔵）、比企氏（武蔵）などです。彼らは侍所《さむらいどころ》や政所《まんどころ》の別当《べっとう》（長官）になったり、合議制のグループに参加したりすることができました。ここで重要なのは、北条氏もこの有力なグループの一員ではありましたが、飛びぬけて大きな存在ではなかったことです。

逆にいえば、その四カ国以外の御家人は、どれだけの軍事力を持っていても幕府の政治を動かすことはできない。いわば、外様大名のようなものです。宇都宮氏（下野）、小山氏（下野）、千葉氏（下総）などで、強大な軍事力を持っていましたが、当初は政治の中枢には参加できませんでした。

侍所、問注所、政所

挙兵直後の一一八〇年に頼朝が作った役所が侍所です。侍所別当は、和田義盛《よしもり》（一一四七〜一二一三）で、副長官は梶原景時《かげとき》（?〜一二〇〇）でした。侍所はその名のとおり軍事の統括機関で、御家人の名簿を管理したり、合戦の際は軍奉行《いくさぶぎょう》として指揮官に同行したりしていました。平氏討伐の戦いでは、大将となった頼朝の弟たち、源範頼《のりより》（?〜一一九三）には和田義盛が、源義経《よしつね》（一一五九〜八九）には梶原景時が軍奉行となって、支えました。

頼朝の大事な仕事は、御家人たちの土地争いを調停することでもありました。そこで裁判を担当する問注所《もんちゅうじょ》を一一八四（元暦元）年に作って、一括で取り扱うようにしています。

さらに頼朝は、同年に家政機関として公文所《くもんじょ》を作りました（のちに三位以上の公卿となったので「政所」になった）。政所の仕事は、荘園や税の管理、訴訟など財務に関するものです。政所の何よりも大事な仕事が、御家人の土地の安堵に関する下文《くだしぶみ》（書類）を作ることでした。それまでは、頼朝本人が花押《かおう》（サイン）を書いた下文で安堵をしていたのですが、それを回収して政所の役人が作成する頼朝の花押なしの下文に統一しました。

しかし、これは御家人たちにとっては大きな問題でした。重鎮の千葉常胤は「頼朝様の花押があってこそ、文書は土地領有の証拠としての効力をもつ。いま新たに頂戴した下文を見ると、ここに名を連ねているのは、政所の役人どもばかりである。こんなものは子々孫々までの貴重な証文にはなり得ない」とごねたため、頼朝も仕方ないな、と特別に自身の花押入りの安堵状を渡しています。幕府が頼朝と東国武士たちとの私的関係からシステムへと移行していく過程を示すエピソードです。

地頭と守護

頼朝政権にとって大きな成果といえるのが、一一八五年の地頭《じとう》と守護《しゅご》の設置です。そもそも頼朝は戦に勝利するたびに、相手から分捕《ぶんど》った土地の権利を部下に分け与えてきました。頼朝は平家を追討し、さらに義経追討の最中、朝廷に対して、軍事力による実効支配を朝廷公認のものにするよう迫ったのです。後白河上皇は一度、義経を使って頼朝を倒そうとした負い目があったからなのか、「わかった」と追認します。それが、守護と地頭と呼ばれる制度になります。

御家人にとって最も大事なのが地頭になることでした。地頭は荘園の管理人であり徴税やトラブル対策を請け負う用心棒を兼ねていました。

ここで簡単に中世の土地支配について説明しましょう。現地の武士が自分の利益の保証を強く求めており、その願いに直に応えるものが、頼朝＝鎌倉殿＝将軍権力だという話はすでにしました。これを京都の貴族の視点で捉えなおすと、荘園には大まかに二つの種類があります。まず、京都の貴族や寺社などが上級所有者の場合です。下級所有者かつ土地の管理人である武士は地頭（幕府に所属する場合）や下司《げし》（幕府に所属しない場合）と呼ばれます。つぎに、土地を皇族や大貴族などに預けた形（寄進）にした場合です。この場合も武士は管理人ですので、地頭や下司と呼ばれました。また、将軍個人の土地もありますので、こちらの地頭になる可能性もありました。いずれにしても、地頭は徴税をして、その手数料を取ることで、生活をしたり軍備を整えたりしていたのです。

守護はその国ナンバー1の御家人という意味ぐらいに理解してください。その仕事は、あやふやなもので、「大犯《たいぼん》三箇条」と呼ばれる、京都大番役の催促、殺害《せつがい》人の逮捕、謀反人の逮捕の三つしかありませんでした。守護といえば、戦国時代の一国を支配する守護大名を想像してしまいますが、鎌倉時代の守護には強大な力はなく、あくまでも一国のまとめ役、兄貴分にすぎないのです。それでも武士にとって守護になるのは憧れの一つでした。

　注意しなければいけないのは日本全国には朝廷が任命する国司（相模守、武蔵守など）も同時に存在していたことです。一方で、守護はもともと「平家の残党や反頼朝の動きをしていた源義経の味方をする武士を追討する」ために設けられた幕府の私的な役職でした。だから重要な仕事の一つが謀反人の逮捕なのです。当初は、幕府が朝廷から認められた平家没官領にのみ設置されていましたので、全国にいるわけではなく、まだらに存在していました。しかし、制度は一度認められれば、どんどん拡大解釈されていくのは世の常です。守護はいつの間にか大きい権限を持つようになります。

貴重な文官たち

　頼朝には、御家人（武士）以外にも重要な家臣がいました。それが文官です。この時代はすでに、文書で行政が動いていました。そのためには、文字を書いたり、文書の形式を理解したりすることが不可欠です。この文書を作成し管理する能力こそ京都＝朝廷のパワーの源泉だったともいえます。

頼朝は東国に独立政権を樹立する際に、これを真似ようとします。しかし、前述のように御家人＝関東武士の大半はまともに文字が書けませんでした。承久の乱の直後のことですが、京都に攻め上った幕府軍の「勇士五千余人」がほとんど誰も朝廷から与えられた「院宣《いんぜん》」が読めなかった、と『吾妻鏡』に記されています。

文字を書ける人がほとんどいないのですから、朝廷の政治で使われているような格式高い文書が書ける人は、関東のどこを探してもほとんど見つからないと考えた方がいいでしょう。結局京都から連れてくるしかなかったのです。

ここで登場するのが中原親能《なかはらのちかよし》（一一四三〜一二〇九）です。彼は朝廷で明経道《みょうぎょうどう》（儒学）を司った下級貴族の出身でした。具体的にどのような経緯で頼朝に仕えたのかはわからないのですが、以前から頼朝とは知り合いだったようで、挙兵から時を置かずして家来に加わっています。京都にいても下級貴族では大した出世は望めない。そこで頼朝からのスカウト話に乗り、老舗《しにせ》企業の社員がベンチャー企業の立ち上げに参加するように、頼朝のもとに飛び込んだと考えられます。

中原は弟の（甥という説も）大江広元《おおえのひろもと》（一一四八〜一二二五）にも声をかけたようで、二人で頼朝の家来となりました。京都では単なる下級役人だった二人は鎌倉にとっては唯一無二の存在となり、行政の仕事を一手に引き受けることになります。なんといっても先日まで朝廷で働いていたバリバリの現役ですから、頼朝にとってもありがたかったことでしょう。

しばらくすると、頼朝が伊豆流人時代から世話になっていた京都の下級貴族、三善康信も鎌倉に下ってきて頼朝の家来となります。三善氏は代々算道（算術）を司る家柄でした。幸運なことに中原、大江、三善の三人は、鎌倉時代を代表する行政の才の持ち主でした。彼らがもたらした文書の様式は、鎌倉式に発展を遂げ、朝廷に対抗しうるだけの政治の基礎を生み出すことに成功したのです。のちに大江は、公文所・政所の長官になり、三善は問注所の長官となっています。

頼朝が並みの武士と違うのは、自分たちの政府を作るとなった時に、すぐ文官を集めたことです。これによって「田舎の反乱軍」が、まがりなりにも政治を行う基礎を持つことができ、京都に依存しない体制づくりをはじめることができました。ここで重要なのは当時の鎌倉において文書行政を担当できる人材は、非常に貴重だったということです。大江をトップとする文官グループは、鎌倉にワンセットしか存在しませんでした。

そして、頼朝と同じように文官の重要性を理解していた武士がもう一人いました。それが北条時政だったのです。これは時政が権力を握る過程ではっきり見えてきますので、後に詳しく述べたいと思います。

時政の朝廷外交

頼朝が政権を樹立したあと、外戚の北条時政は、鎌倉幕府の重鎮として大いに権力を振るうことになりました、とはならないのが歴史の面白いところです。ありったけの財産と兵力をつぎ込んで、頼朝の旗揚げに参加した時政でしたが、その後の記録を見ていると、侍所や政所の長官や副長官にもなれず無役にとどまり、政治の重要な局面に登場するのは一度きりです。その唯一の大仕事が、京都との交渉でした。

一一八五年、頼朝は時政に、自らの代理として義経の追討に関して朝廷と交渉することを命じます。

〈今日、北条殿（時政）が京都に入ったという。（源）行家・（源）義経の叛逆の事について、二品《にほん》（源頼朝）が不満に感じていたことを、帥中納言（藤原経房《ふじわらのつねふさ》）を通じてこと細かに後白河院に申し入れた〉（『吾妻鏡』文治元年十一月二十五日）

このとき時政は交渉人としての能力をいかんなく発揮しています。前述の「守護・地頭」の設置を認めさせたのもこの交渉においてでした。

しかし、これだけの能力がありながら、この朝廷との交渉以外、時政はほとんど目立った活動をしていません。その理由として考えられるのは、交渉や文官の扱いはまさに頼朝の専権事項だったことです。得意分野が被ったことで、時政の活躍の余地はあまりなかったのかもしれません。

時政は干されていたのか

一一八二（寿永元）年、頼朝と時政の間にすきま風を生じさせる事件が起こります。「亀《かめ》の前《まえ》騒動」です。頼朝は伊豆時代から寵愛していた亀の前を、政子に隠れて鎌倉の隣にある逗子《ずし》に住まわせていました。政子が頼家を妊娠していた最中も二人の関係は続いたといいます。時政の後妻である牧《まき》の方《かた》（彼女については後述します）は、義理の娘の政子に亀の前の存在を教えてしまいました。政子は怒り、牧の方の父である牧宗親《まきむねちか》（生没年不詳）に命じて、亀の前の住む家を破壊させたのです。

これに驚いたのが頼朝でした。後日、わざわざ亀の前の逃げた家に牧宗親を連れて行き、厳しく叱責した上、髻《もとどり》（髪を頭の上に集めて束ねた所）を切ってしまいました。この屈辱に牧宗親は泣いて、その場を去っていったと『吾妻鏡』は記します。これに対し時政は、抗議の意思を表すため一族を引き連れて伊豆の北条に帰りました（このとき義時だけは鎌倉に残り頼朝から褒められました）。

このように頼朝の政権下で権力を握っていたのは、外戚の時政ではありませんでした。頼朝政権内で時政よりも重んじられたのは、すでに紹介した頼朝の乳母であった比企尼とその一族でした。頼朝は比企尼の娘たちを有力な御家人たちに次々と嫁がせ閨閥《けいばつ》を形成します。

まず長女は、頼朝の最側近である安達藤九郎盛長に嫁ぎます。ちなみに、その娘は頼朝の弟、源範頼の妻となります。次女は、武蔵の有力武士団秩父《ちちぶ》党《とう》の河越重頼《かわごえしげより》（?～一一八五）に嫁ぎ、その娘は、源義経の妻となります。三女は、最初、伊豆の武士伊東祐清に嫁ぎ、その後、信濃の武士で門葉のひとり平賀義信《よしのぶ》（生没年不詳）の妻となります。

さらにこの次女と三女は、頼朝の嫡男で後継者の頼家の乳母となっています。頼家は、北条政子の子供でありながら、乳母は北条の関係者ではなく、比企氏から複数選ばれたのです。さらに、頼家の妻には比企家の当主・能員《よしかず》の娘若狭局《わかさのつぼね》（生没年不詳）を迎えています。のちに本書の主人公となる北条時政の子義時の最初の妻・姫《ひめ》の前《まえ》（?〜一二〇七）もまた、比企一族の娘です。

比企氏は幾重にも頼朝の親族や南関東の有力武士たちと血縁関係を結び、乳母の家として養育を担当することで、初期の幕府において、圧倒的な権勢を誇っていたのです。

曾我兄弟の仇討ち

もう一つ、時政と頼朝の微妙な関係を暗示するエピソードを紹介しましょう。先に『曾我物語』の話をしましたが、かつては曾我十郎祐成《すけなり》と曾我五郎時致《ときむね》の曾我兄弟の仇討ちといえば、忠臣蔵に匹敵する人気で、繰り返し芝居などで取り上げられ、最も有名な仇討ち事件の一つでした。実はこの仇討ちは、『吾妻鏡』にも登場する実際に起こった事件だったのです。

正月の風物詩である箱根駅伝を見る方は、往路のゴールである芦ノ湖の手前で必ず「曾我兄弟の墓」が映るのを記憶しているはずです。曾我兄弟は、一一九三（建久四）年に頼朝の行った富士野の巻狩の際に、父の敵である工藤《くどう》祐経《すけつね》を討ち本懐《ほんかい》を遂げました。しかし、正史である『吾妻鏡』と合わせて読むと、この事件は単純な仇討ちとは違うのではないかという疑問がわいてきます。

『吾妻鏡』によると、曾我兄弟の父は河津《かわづ》（伊東）三郎祐泰《すけやす》という伊東の武士でした。この河津の父が、先に頼朝の女性関係のところで登場した伊東祐親です。この伊東一族の土地を巡る内紛で、河津三郎が親族の工藤祐経によって殺されます。三郎の二人の子供はいつか父の仇を討つと考え続けていました。そして、富士野の巻狩という幕府を挙げての大イベントで、祐経を見事に殺して仇討ちに成功したのです。

〈子《ね》の刻に故伊東次郎祐親法師の孫の曾我十郎祐成・同五郎時致が、富士野の御旅館におしかけ、工藤左衛門尉祐経を殺害した〉（『吾妻鏡』建久四年五月二十八日）

　ところが、この二人は敵討ちに成功した後も、現場で大立ち回りを演じました。闇夜でほとんど「東西さえわからない中」愛甲《あいこう》三郎（季隆《すえたか》）、加《か》藤《とう》光員《みつかず》、吉香友兼《きっこうともかね》、海野《うんの》幸氏《ゆきうじ》などの御家人が死傷し、頼朝の命すら狙われたとされています。

〈時致は（頼朝の）御前をめがけて走り参った。将軍（源頼朝）は御剣を取り立ち向かおうとされたが、左近将監《さこんのしょうげん》（大友）能直《よしなお》が押しとどめた〉（同前）

　頼朝は、仇討ちとは関係がありませんから、この行動は不自然というほかありません。兄の十郎はその場で討たれ、弟の五郎は捕らえられた後に殺されました。

この事件のあとには、さまざまな御家人たちが処分されています。常陸では有力御家人の多気義幹《たけよしもと》が失脚し、その兄弟の下妻弘幹《しもつまひろもと》が殺されています。同時に大庭景義《おおばかげよし》（大庭景親《かげちか》の兄）や岡崎義実《おかざきよしざね》などの古参の御家人が失脚。源氏一門では、甲斐源氏の安田義資《やすだよしすけ》が殺され、その父の安田義定《よしさだ》は遠江守と守護を解任されています（義定はすぐに謀反の疑いをかけられ梟首《きょうしゅ》されています）。

さらに頼朝の弟の範頼も伊豆の修善寺《しゅぜんじ》に幽閉され、のちに殺されています。南北朝時代に書かれた歴史書『保暦間記《ほうりゃくかんき》』によれば、富士野で頼朝が討たれたとの一報（もちろん誤報）が、鎌倉に伝わった時の対応が原因であるとされます。狼狽《ろうばい》する政子に範頼が「範頼左《たすけ》て候《そうら》へば御代《みよ》は何事か候べきと慰めもうしたりける」、つまり「わたしがいますから大丈夫ですよ」と声をかけたのが、後に自分が頼朝に取って代わろうとしたとされ、殺されることになったというのです。『吾妻鏡』にも、範頼が頼朝への起請文を書いたとの記述があるので、何か釈明せねばならない出来事があったのは間違いありません。

こうなると、この事件は単なる仇討ちではなく、背後に頼朝が大規模な処分を断行するだけのたくらみがあったという可能性も考えてみなくてはなりません。

そこで浮上してくる仮説の一つが、時政による陰謀説です。実は時政の最初の妻は、曾我兄弟の父、河津三郎の姉妹でした。つまり曾我兄弟は、時政の義理の甥にあたるのです。そのため兄弟の父河津三郎の死後は、時政が兄弟の面倒をみていたようで、曾我五郎時致の元服の際に烏帽子《えぼし》親《おや》にもなっています。時致の「時」は、時政の「時」を与えられたものです。

　曾我兄弟をサポートしていたのが時政であったことと、頼朝とのすきま風を考えてみると、時政が黒幕だったのではないか——。この事件で時政自身は特に処分を受けていませんし、史料的には何の裏付けもありませんが、一連の騒動に時政が関係していた可能性は完全には否定できません。

　このような仮説には、多くの人が驚くでしょう。頼朝こそは鎌倉幕府を作ったカリスマで、時政はその最側近であり、外戚として力をふるっていたのだから、頼朝に逆らうわけがない——と。しかし、ここまで見てきたように、「亀の前騒動」で、勝手に伊豆に引き上げるなどの「反逆」を行ったりもしており、頼朝と距離があったのも事実です。

大姫入内工作の衝撃

　さらに重要なのは、頼朝は晩年になって、御家人たちとの距離が少しずつ離れていたことです。

頼朝が亡くなる四年ほど前、政権の根幹にかかわる大きな事件が起きました。それが一一九五（建久六）年の大姫《おおひめ》入内騒動です。

源頼朝は京都生まれでしたが、幕府が出来てからは二度しか上洛しませんでした。京都で生まれ育った頼朝だからこそ、京都の歴史や文化の持つ「魔力」を知っていたのでしょう。ここで朝廷に取り込まれるようなことがあれば、平家の二の舞になると感じていた。

そんな頼朝が、積極的に京都とかかわろうとしたことが一度だけありました。それは、長女・大姫（一一七八?～九七）を後鳥羽《ごとば》天皇（一一八〇～一二三九）の妻にするための計画です。大姫はもともと、木曾（源）義仲《よしなか》（一一五四～八四）の嫡男である義高《よしたか》と結婚させるつもりだったのですが、木曾氏滅亡の折に、頼朝は義高も殺してしまいました。大姫は義高を慕っていたため、彼の殺害以降、心を閉ざすようになってしまったのです。

頼朝は、摂政・関白を歴任する大物貴族の九条《くじょう》（藤原）兼実《かねざね》（一一四九～一二〇七）と組んで計画を推し進めます。兼実は藤原氏の人間ですから、やはり、権力をほしいままにできる「摂関政治」の時代に戻るべきだと考えていたのです。そのために、政治力と軍事力が備わっている頼朝を利用しようとした。両者の思惑が一致し、話はトントン拍子に進むかと思われました。

ところが、そこに横から入ってきたのが、後白河上皇の側近土御門《つちみかど》（源）通親《みちちか》（一一四九～一二〇二）でした。貴族の源氏の出身で曹洞宗《そうとうしゅう》の開祖道元《どうげん》（一二〇〇～五三）の父とも言われています。切れ者で知られていて、頼朝と兼実の仲に見事に楔《くさび》を打ち込むことに成功しました。頼朝は「朝廷工作」のために通親にもさんざん贈り物をさせられた挙句、肝心の大姫が病死したことで計画は白紙となってしまったのです。

親幕府の大物だった兼実は朝廷内で失脚して出家することになります。兼実が書いた日記『玉葉』は、この時代を朝廷の視点で描いた貴重な史料の一つです。

私はこの工作は二重の意味で失敗だったと考えます。まず、幕府と二人三脚だった兼実が失脚し朝幕関係が不安定化したこと。さらに御家人たちに頼朝に対する不信感を与えてしまったことです。

この朝廷工作をみた御家人たちは「頼朝様は俺たちのために頑張ってくれていたのに、結局は朝廷の方を向くのか」という大きな疑問を抱きました。幸か不幸か頼朝の工作が失敗したことで、そうした不満が顕在化することはありませんでした。しかし、将軍の心が御家人から乖離《かいり》したとき、どのようなことが起こるのか、それは、頼朝の次の世代に大きな事件となって表れることになります。そして、頼朝の死後に生まれた空白期間に力を伸ばしたのが、北条時政だったのです。

二代将軍頼家

一一九九年、初代将軍の頼朝が亡くなりました。そして嫡男である頼家が、十八歳で後を継ぎ一二〇二（建仁二）年に将軍となります。『吾妻鏡』では、この頼家の評価が非常に厳しい。源氏から政権を奪った北条氏が編纂した書物ですから、当然といえば当然のことですが、頼家がとんでもない将軍だったというエピソードをいくつも記しています。

たとえば、御家人の安達景盛《かげもり》（藤九郎盛長の子、?～一二四八）との確執です。景盛はある女性を京都から呼び寄せていました。ところが、景盛が出陣して鎌倉を留守にしたところ、頼家は、この女性を我が物にして御所の北側にある館に住まわせました。

しばらくすると、頼家に「景盛は、頼家様のことを恨んでいるようです」と告げ口をするものが現れた。頼家は自分のしたことは棚に上げて、「許せん。景盛を誅殺《ちゅうさつ》せよ」と御家人たちに命じたのです。そこに、計ったかのように北条政子が現れて、「余りに軽率だ」と頼家を叱りつけた、と『吾妻鏡』に記されていますが、史実かどうか定かではありません。ただし頼家をおとしめるエピソードをあえて記していることは確かです。

また、ある土地をめぐるいさかいが起こった時に、その資質を疑わせる逸話が生まれました。二人の御家人が、所領の境界を巡って「ここは俺の土地だ」「いや、ここはわが一族が代々……」などと、争いになりました。そして、将軍がその裁定を下すことになりました。頼家は、両者の言い分をロクに聞きもせず、絵図の真ん中に筆で線を引いて、「ここを境とせよ」とやった。「頼家」は、人の意見もきちんと聞かない愚かな将軍だ、というわけです。

しかし、仮に頼朝が将軍だったらどうでしょうか。絵図の真ん中にズバッと線を引いて「俺の裁定に不服があるか？」と睨みを効かされたら、誰も文句は言えなかったでしょう。つまりは、この行為自体が愚かなわけではなく、この行為を周囲に納得させるだけの力がもはや頼家になかったこと、そして頼家がそれに気が付いていなかったことを示していると解釈することもできるでしょう。

いずれにしても、頼朝という偉大なカリスマがいなくなり、あとを継いだ頼家は心もとない。御家人の間に将軍への不信感が生じはじめます。

十三人の合議制

頼家が家督を継いで三カ月後、十三人の有力者による合議制がスタートします。二〇二二年のNHK大河ドラマのタイトル『鎌倉殿の13人』。どんな鎌倉幕府が描かれるのかたのしみです。

この合議制の導入は重大な変化でした。頼家の将軍権力を奪うものだったからです。

〈様々な訴訟については、羽林《うりん》（源頼家）が直に決断されることを停止し、今後は大小の事については〉十三人が話し合って処置すること。〈その他の者が理由もなく訴訟のことを（頼家に）取り次いではならない、と定められた〉（『吾妻鏡』建久十年四月十二日）

つまり御家人たちが、頼朝と同じように政治を行おうとする頼家に「まった！」をかけたことになります。頼家の仕事はご機嫌伺いにくる御家人たちに面会して、「励んでくれよ」などと声をかけるくらいのものになってしまうのです。先の『吾妻鏡』の土地争いのエピソードは、訴訟の権利を将軍から取り上げたことを正当化するためのものでしょう。これが将軍親政から、御家人主導、さらには北条氏主導体制への序曲となります。

では、具体的に十三人を、まずは大まかにグループ分けしてみましょう。中原親能、大江広元、三善康信、二《に》階堂《かいどう》行政《ゆきまさ》の四人は文官グループです。

二階堂行政は、頼朝の母の従兄弟にあたります。親族ということで早い時期に鎌倉に下り、二階堂を名乗りました。二階堂家は代々幕府の文書行政の中心を担う家系となります。彼らは無党派といっていい存在で、政治の主導権は握らないけれど、幕府の運営には欠かせません。

他の九人は御家人です。三浦義澄《よしずみ》、和田義盛、八田《はった》知家《ともいえ》、安達盛長、足立《あだち》遠元《とおもと》、梶原景時、比企能員、北条時政、江間《えま》義時。江間義時って誰？　と思われた方もいるでしょう。第二章で詳しく説明しますが、この「江間義時」こそ、北条義時です。つまり、時政の子である義時は、北条本家ではなく分家として「江間」を名乗っていたのです。当時、嫡流以外の武士が、新しい名字を名乗ることは、よくあることでした。

合議制のメンバーの資格

このメンバーを見ると、御家人の中に明確な区分があったことがわかります。

まずは御家人の規模です。軍事力といってもいいでしょう。普通の御家人を仮にCランクとすると、一国の中で有力な武士になるとBランク、一国を緩くまとめるくらいの力を持つ、その国の兄貴分のような存在がAランク。さらに一国を完全に支配して動員力も抜群の武士がSランクです。実はこの時点でSランクと呼べる武士はいませんでした。幕府設立を助けた上総広常は、上総一国を押さえたSランクなのですが、頼朝の時代に粛清されていました。つまり、この時期には力で他を圧倒できる存在はもういなかったといえます。

次に支配地域です。頼朝による幕府設立のところでも紹介しましたが、南関東四カ国（相模、武蔵、伊豆、駿河）が最上位。次に、房総半島（下総、上総、安房）。その下に位置付けられるのが北関東で、下野、上野、常陸です。たとえばこの時点で、Aランクの実力を持っているのは千葉氏と小山氏でしたが、幕府の中枢には入っていません。この二人は支配地域がそれぞれ房総と北関東だったのです。

さらに幕府内での役職です。政所、侍所、問注所の長官や副長官になった人物は、明らかに実力者であったとみることができる（実力があっても政治力が高いとは限らないのは面白いところです）。

十三人の横顔

次にメンバーの来歴を見てみましょう。

三浦義澄（一一二七〜一二〇〇）は、相模の三浦庄を本拠地としていて、頼朝の祖先、源義家《よしいえ》の時代から源氏に仕える武士の家系でした。三浦氏は頼朝の決起直後から、頼朝軍に加わりました。義澄の父義明《よしあき》（一〇九二〜一一八〇）は、当時、平氏に属していた畠山重忠に攻め滅ぼされています。三浦氏はランクでいうとBですが、挙兵の頃から頼朝に随っていたため、幕府内で有力な存在となりました。義澄の子が三浦義村《よしむら》（？〜一二三九）で、その従兄弟が和田義盛になります。和田義盛は、特に軍事の才能を評価されて、侍所別当（長官）に任じられています。三浦一族は今後もキーパーソンを多く輩出しますので、ぜひ覚えておいてください。

八田知家（生没年不詳）は、下野の武士宇都宮宗綱《うつのみやむねつな》の子です。頼朝の父義朝に仕えたこともあり、北関東出身者ながら重用されました。のちに頼家の命令で頼朝の弟、阿野全成《あのぜんせい》（一一五三〜一二〇三）を誅殺しています。暗殺など汚れ仕事も平気で行える御家人として用いられました。

安達盛長は、すでに説明したとおり、旗揚げ前からの頼朝の家来でした。

足立遠元（生没年不詳）も、義朝時代から仕えた御家人です。安達盛長の兄や従兄弟という説もあるのですが、実は確証はありません。関東武士には珍しく文官としての能力も持った人物で、公文所のメンバーにもなっています。

梶原景時は、もともと頼朝を追討する平氏軍に加わっていたのですが、裏切って頼朝に仕えるようになります。南北朝時代に書かれた軍記物『義経記《ぎけいき》』で、義経の副官となった際に、その行動を逐一頼朝に「密告」したとされたことで敵役《かたきやく》になってしまい、一般的には人気がありません。しかし、軍事も外交もできる才人で、侍所の副長官でありながら、実務のできない和田義盛に代わって実権を握っていたようです。朝廷との外交交渉の窓口になったことで、京都の貴族との間にも太いパイプがありました。また、頼朝に命じられてうるさ型の上総広常を暗殺するなど、将軍に忠実な人物でもありました。頼家時代には「第一の側近（一ノ郎等）」（『愚管抄』）と呼ばれ、その実力は京都にも鳴り響いていました。

比企能員は前述したように比企尼の甥にあたる人物で、その出自から頼朝に重用されました。上野と信濃の守護を務め、奥州藤原氏を追討した奥州合戦（一一八九年）では北陸道大将軍を務めるなど軍事面でも活躍しました。北条氏に比べて実績があり、源氏政権にとってなくてはならない人物であったことは間違いありません。そして、すでに紹介したように、二代将軍、頼家の外戚となっており、その権力は絶頂にあったといえるでしょう。

こうした十三人の顔ぶれでまず注目すべきは、北条氏からは時政と義時の二人が入っている点です。実に上手いのは、義時は頼朝側近の「家の子」であり、別の名字である江間氏を名乗っていることです。時政はそこを利用して、「自分は北条氏の代表。義時は『家の子』。江間氏の代表だ」と、周りには説明したのではないでしょうか。

　メンバー内にはほかにも親族グループが存在します。それが三浦一族です。三浦義澄が本家筋で叔父、和田義盛が甥にあたります。ただし、三浦一門は政治オンチといってもいい武闘派です。幕政を取り仕切る能力はまったくないので、北条氏にとって真の敵ではなかったのでしょう。

　安達盛長、足立遠元、八田知家は頼朝の遺臣グループ。そして、頼家の乳母の一族で、外戚でもある比企能員と、第一の側近である梶原景時は頼家派です。それに対して、時政と義時は頼朝の次男の実朝《さねとも》派といっていいでしょう。実朝（一一九二〜一二一九）の母は北条政子、乳母は政子の妹の阿波局《あわのつぼね》でした。将軍頼家派である比企能員、梶原景時と、頼家の弟実朝を推す北条氏が拮抗していることになります。

　この十三人による合議制の青写真を描き、主導したのは誰か。それは史料には残されていません。しかし、北条氏から二人が入っていること、文官とのパイプがあることなどから、私はやはり、時政が人選などをリードしていたと考えます。大きなポイントは、この十三人に序列を設けなかったことです。明らかに実力が飛びぬけている比企能員と梶原景時が、横並びの一員にされているのです。いずれにしても、この十三人が中心となって権力の争奪戦が始まることになります。

梶原景時の失脚

十三人のなかで最初に失脚したのは梶原景時でした。景時の失脚は実に奇妙なきっかけから始まりました。一一九九（正治元）年十月、下総の御家人・結城朝光が「頼朝様には過分な恩を賜ったが、遺言があったから出家はしなかった。いま思えば、頼朝様が亡くなったときに頭を剃って仏門に入ればよかった」と、他の御家人の前で発言したのです。現状の政治への皮肉でもあったのでしょう。

その場は何事もなく過ぎたのですが、二日後、実朝の乳母である阿波局が、朝光にこう伝えます。

「梶原景時殿が、先日の朝光の発言は、頼家様には仕える気はないことの表れだ、と訴えました。そのため、頼家様の命令で朝光殿を討つことになったようです」

この告げ口を聞いた朝光は驚いて、親友で有力御家人の一人である三浦義村のところへ駆け込みます。義村は朝光の訴えを聞いて一緒になって怒りました。

〈「世の為、君（頼家）の為にも、（景時を）退治しなければならない」〉（『吾妻鏡』正治元年十月二十七日）

三浦義村は頼家、実朝の時代に暗躍したトリックスターです。彼の行動はいつも非常に怪しい。必ず事件のきっかけを作るのです。

さて、怒りの収まらない義村、朝光の二人は仲間を集めて、討たれるより先に景時を弾《だん》劾《がい》することに決めました。すると、賛同者が増え、最終的には六十六人もの御家人が名前を連ねる弾劾状が完成しました。

これを見せられた頼家は、景時に対して弁明の機会を与えます。しかし景時は、何一つ抗弁せず、鎌倉を離れて自分の領地に帰ってしまいました。景時の鎌倉の屋敷も壊されます。その後、景時は、一旦復権しますが、結局、弾劾状が受け入れられて、鎌倉追放が決まりました。

この時すでに景時の心は完全に幕府から離れていたと言っていいでしょう。「もう、鎌倉には居場所はない。それなら京に上って朝廷に仕えるか」そう思っても不思議はありません。

鎌倉を離れる景時に先の見通しがなかったわけではありません。景時は、頼朝、頼家の最側近としてすでに朝廷との太いパイプを築いていたからです。そのコネを利用して、京都で再就職を模索することが可能でした。御家人をやめて上皇や天皇に仕える武士となればいいわけです。

くり返しになりますが、この時代の武士のすべてが幕府や将軍の支配下にあったわけではありません。あくまでも将軍と主従関係を結んだ者のみが御家人だったのです。朝廷に仕える武士もいれば、貴族や寺社に仕える武士もいました。彼らは将軍のいうことに従う必要はないのです。

景時は一族郎等を率いて上洛を試みます。ところが、駿河の清見関に差し掛かったところで、たまたま出くわした御家人の吉香友兼らと対峙することになり、一族もろとも討ち果たされました。

このとき駿河守護を務めていたのが時政でした。吉香は時政の指揮命令下にあったわけです。私は、時政が待ち伏せさせたとにらんでいます。そもそも景時の讒言《ざんげん》を結城朝光に伝えた阿波局は時政の娘です。本当に景時が朝光を告発したのか、頼家が朝光を討てと命じたのかも、定かではありません。『吾妻鏡』に記されているのは、阿波局がそういう情報を漏れ聞いたということのみなのです。時政は表立って動きませんでしたが、結果としては最大のライバルを葬ることに成功したのです。

幕府の重鎮である景時の失脚で、御家人たちは大きな利益を上げました。景時領の分配が行われたからです。景時が持っていた播磨守護の役職は、結城朝光の兄で本家の頭領である小山朝政《ともまさ》のものになりました。播磨は当時の最も豊かな国の一つ。それを小山氏は手に入れることができた。弾劾状を出すきっかけを作った「褒美」と考えても不思議はありません。ほかにも多くの所領が御家人内で分配されたことは、想像に難《かた》くありません。

この奪った土地の分配は鎌倉時代の内ゲバを見る上でとても重要です。自分が政治的に優位に立ちたいという武士以外にも、「分け前にあずかりたい」と考える武士は多いわけです。その心理を絶妙につき、自分の味方を増やしていくのが北条氏の戦略といえるでしょう。

一方、この「梶原景時の乱」で最大の被害者は、景時本人を除けば、一番の側近を失った将軍の頼家でしょう。しかし、頼家は、第一の側近がピンチに陥っているのに、本気で助けようともしていません。さらにいえば、頼家の外戚である比企能員も非常に愚かです。頼家派の一角が崩れかけているのに、一緒になって景時への弾劾状に名前を連ねていたのです。この結果、頼家の政治力は修復不能なほど大きく削がれることになります。

頼家の病

景時を失い比企氏しか頼ることができなくなった頼家は、ようやく北条氏に対して反撃を始めます。

景時失脚事件の発端である密告をした阿波局は、頼朝の弟である阿野全成と結婚していました。全成の母は常盤御前《ときわごぜん》で、源義経と同じです。

全成は、義父の時政と非常に親しくしていたため、頼家の恰好のターゲットになりました。一二〇三（建仁三）年、全成は謀反の疑いをかけられ、頼家の命を受けた八田知家によって殺されてしまいました。これも謀反が実際にあったのかは定かではありませんが、頼家にとって邪魔な存在だったことは確かです。頼家は全成への処断と同時に阿波局も捕えようと比企時員《ときかず》（能員の子、？〜一二〇三）を政子の元に遣わし、全成の謀反について尋問するので身柄を引き渡して欲しいと頼みます。それに対して政子は、

〈「そのようなことは、女性に知らせるはずがない（中略）まったく疑わしい所はない。」〉

（『吾妻鏡』建仁三年五月二十日）

と、妹の引き渡しを断固拒否するのです。つまり、頼家は景時排除で怪しいのは時政の周辺であると睨んでいたことがわかります。

この阿野全成の殺害によって、北条氏は源氏直系というカードを一枚失いました。しかし、まだ大本命のカードである実朝が残っています。

七月になると頼家は病に倒れました。これを北条氏側は好機と捉えます。頼家の病が癒えないため後継者を準備することになったのです。

〈関西三十八ヵ国の地頭職を弟で十歳の千幡君《せんまんぎみ》（のちの実朝）に譲られ、関東二十八ヵ国の地頭ならびに惣守護《そうしゅご》職《しき》を、御長男で六歳の一幡君《いちまんぎみ》に与えられた〉（『吾妻鏡』建仁三年八月二十七日）

西日本を弟の実朝が、東日本を嫡男の一幡（一一九八～一二〇三）が分割して統治するというのです。そもそもは頼家が、将軍として東西を押さえていたわけですから、比企氏にとっては半分が実朝（北条氏）に奪われてしまった格好になります。

北条＝実朝と比企＝頼家。一幡の対立は、誰の眼にも明らかでした。『吾妻鏡』には「人が語り合うところでは、『叔父（義時）・甥（頼家）の不和がすぐに起こるであろう。関東の安否は、まさにこの時にかかっている。』という」（同年九月一日）と書かれています。

比企氏の滅亡

一二〇三年九月二日、やっと危機感を持った比企能員が動きます。娘の若狭局（頼家の妻）を通じて頼家に、「時政を今こそ討つべきです。北条一族がいては一幡様の治世が奪われるかもしれません」と進言したのです。

頼家は時政の追討を了承します。ところが、この密談を北条政子が障子の向こうで「偶然」、聞いていました。政子は当然のように、時政に知らせます。「このままではまずい」と感じたのか「これはチャンス」と感じたのか、時政の動きは早かった。逆に比企を討つことを考えるのです。

時政が非凡だったのは、ここで最初に文官を束ねる大江広元と面会し、能員を追討しようと相談したことです。武士ではなくなぜ文官に？　と広元も当惑したことでしょう。『吾妻鏡』では、非常に難しい書き方をしていますが、相談を持ち掛けられた広元は「兵法はわかりません。誅殺するか否かはお任せします」と回答しています。幕府には高度な文書行政が可能な文官グループはワンセットしかいませんから、政治を動かすためには、文官のトップである大江広元の支持を取り付ける必要がありました。そこを見据えていたところに時政の政治センスが見て取れます。

それから時政は自分の館に戻り、能員追討の準備をします。そのあと、もう一度、広元と面会します。広元は「もし、不慮のことがあったら」と言い残して、時政との話し合いに臨んだようです。返事いかんによっては、自分が殺されるかもしれないという危機感がよく出ています。結果、時政は広元ら文官の支持を取り付けたのでしょう。

準備が整うと時政は大胆な行動に出ます。なんとその日のうちに、自分を謀殺する陰謀を巡らせているはずの比企能員に、「仏像供養の儀式をうちの館で行います。つきましては、ぜひいらしてください」と使者を送ったのです。これに対して、能員はろくに家来も連れずに時政の屋敷に現れました。愚かなのか油断なのか、ちょっと判断がつきません。

この暗殺事件の一部始終を目撃した御家人の小代《しょうだい》氏の史料によれば、能員は平礼烏帽子《ひれえぼし》（普段使いの烏帽子）をかぶり平服でやってきたそうです。暗殺の瞬間を『吾妻鏡』はこう記します。

〈（比企能員が）惣門を入り、廊の沓脱に上がって妻戸を通り、北面に参ろうとした。その時、（天野）蓮景・（仁田《につた》）忠常が作合の脇戸の際に立ち向かい、能員の左右の手を摑み、築山の麓の竹藪の中に引き倒して躊躇せず誅殺した〉（同年九月二日）

時政は能員を殺したその足で比企氏の館に攻め込みました。そして、館にいた一幡を含め皆殺しにします。頼朝以来、幕府を支え続けた比企氏は、いとも簡単に滅亡してしまったのです。比企能員が頼家に、時政追討を進言してからわずか一日の出来事でした。

周到な時政

これだけの陰謀を一日で行うのは、あまりにも不自然です。やはり時政は周到に比企氏を討つ準備をしていたと考えるべきです。

もう一つ特筆すべきは、時政の「敵意の隠し方」です。再三指摘してきましたが、時政は、頼朝時代にはそこまで重用されていない人物でした。誰にでも愛想よくへりくだっていて、陰謀などを巡らせるような人間だとは誰も思っていなかった可能性もあります。もし、そうだとすれば大変な腹芸の持ち主だったといえるでしょう。

そうでなければ、権力闘争の最終局面で、比企能員が、郎等もろくに連れずに時政の館にやってきたことを説明できないのです。

能員にしてみれば、「数日のちには、殺されるとも知らずに。最後に時政の顔でも見ておくか」などと考えていたのかもしれません。さらにいえば、時政の子である江間（北条）義時の妻は比企氏の女性でしたから、簡単には弓を引けまいと油断を重ねていったのでしょう。

一方、時政は結婚外交によって比企派を着々と切り崩していました。源氏一族で将軍になれるほどの血統である平賀義信は、比企尼の娘を妻にしており、比企派の切り札の一つでした。しかし、その義信の息子、朝雅《ともまさ》（?～一二〇五）に娘を娶らせ、娘婿としています。北条派に取り込もうとしていたのです。

梶原氏、比企氏の両家の滅亡は、この後の血塗られた北条氏の歴史を語るうえで興味深い点があります。比企能員に手を下した仁田忠常は、事件の四日後に殺されています。天野蓮景は生き残りましたが、とくに取り立てられることもなく不遇なまま生涯を終えています。

以後、北条氏はこの手口をよく使うようになります。「誰それはこんな罪を犯したから殺してこい」と実行部隊に命じ、彼らが何も疑わずに相手を殺してしまうと、後から「調べたら、あれは間違いだった。無実の人を殺したお前は責任を取る必要がある」と、殺しの実行犯を消してしまうのです。これから次々と事件が起こっては、北条氏の「敵」と「実行犯」が消されていきます。

頼家の幽閉と死

比企氏の滅亡後、時政はすぐにでも北条家で育てていた頼家の弟、千幡丸（のちの実朝）を将軍にしようと考えていました。

ところが、比企氏滅亡の三日後、にわかに頼家の体調が回復します。一幡の死と比企氏の誅殺を聞いた頼家は、北条氏に対して怒りを露わにし、時政を討とうと、和田義盛らに命令を下しますが、義盛は時政にそれを密告してしまいます。御家人グループと頼家の乖離がよく表れています。結局、時政討伐は実行されませんでした。

とはいえ頼家の体調が回復したことは時政にとって大誤算でした。京都の貴族藤原定家の日記『明月記《めいげつき》』によれば、鎌倉から使者が到着し、九月七日に「九月一日、将軍の頼家が亡くなったので、弟の実朝が後を継ぎます」と朝廷に伝えているのです。鎌倉と京都の距離を考えると、比企氏を滅ぼす前の九月一日頃に使者を派遣していないと、このようなタイミングで京都には着きません。死んでいない頼家が死んだことにされ、実朝が後継者となっているのは、明らかに時政が描いた筋書きの一環でしょう。

何も知らない朝廷は一二〇三年九月七日、実朝を将軍に任じています。同じ日に、時政によって頼家は出家させられ、さらに伊豆の修善寺に幽閉されてしまいます。修善寺は北条氏の根拠地にありますから、頼家は完全に時政の監視下に置かれたことを意味します。この地は、幕府の幽閉先として使われていて、源頼朝の弟の範頼もこの地で幽閉されて亡くなっています。翌年、頼家は修善寺で亡くなっていますが、北条氏の手の者による暗殺だったと慈円《じえん》（一一五五〜一二二五）は『愚管抄』に記しています。

実朝の将軍就任直後、北条時政が政所の別当となりました。

比企氏の滅亡後も、比企一族の所領をめぐる「戦後処理」が行われました。この時点で、分配を仕切ったのは、勝者である時政だったに違いありません。『吾妻鏡』には、比企能員暗殺の実行犯である仁田忠常を「恩賞を与える」として、時政が名越の館に呼び出したとの記述があります。時政が自宅で恩賞の分配を行っていたからこそ、忠常は疑問を持つことなくのこのこ出かけて行って、殺されたと考えることもできます。

比企派の御家人たちは、次々と殺されたり、追放されたりしています。母が比企氏の出身とも言われる惟宗《これむね》（島津《しまづ》）忠久《ただひさ》（?〜一二二七）も失脚し、守護職を務めていた大隅《おおすみ》、薩摩、日向《ひゅうが》は北条氏の管理下に置かれています。時期が離れますが、北陸や九州などの守護が比企氏の血の入っている北条義時の次男、北条（名越《なごえ》）朝時《ともとき》（一一九三〜一二四五）

になります。つまり、比企氏の旧領を北条氏が侵蝕しているのです。

土地の分配を仕切ることこそ、武士のリーダーであるあかしです。つまり、この戦後処理は、北条氏による政治が始まったことと同義なのです。頼朝が鎌倉につくった「幕府」は、土地の安堵を基本とした政権でした。その役割を将軍ではなく、北条氏が担うことになった。この時、「鎌倉幕府」は事実上、北条氏の政権となったのです。

時政とは何だったのか

ここまで時政の動きを追ってきました。何者かもはっきりしないひとりの武士が、時代の変革の波にうまく乗り、政敵を時に油断させ、時に圧倒的なスピード感で追い込んでいったことに、その生涯を書いている私も驚かされます。

あらためて北条時政の「成功」のカギはどこにあったのか整理してみましょう。

時政は、文字が書けて、それなりの文章を書けるという、当時の田舎である東国では特殊な才能がある武士でした。豪胆さもあり、平家によって京都から追放された「謀反人」源頼朝と娘の政子が結婚することを認めています。人との交渉事や調整が得意で、一一八五年に頼朝の代理として出かけた京都で「守護・地頭の設置」の許可を朝廷から与えられたのは、時政の最も輝かしい業績の一つだったでしょう。

そのような才能があり、さらには頼朝の長男も次男も、北条政子の子供という外戚でありながら、頼朝時代は重用されず、伊豆や駿河の守護を務めたにすぎませんでした。その理由はよくわかりません。

頼朝の晩年になって、時政は陰謀家の顔をのぞかせます。そして、頼朝が死ぬと、これまで隠していた能力を解き放ちました。持ち前の調整力を活かし、十三人の合議制をプロデュースしたのも、時政だからできたことでしょう。そして、荒くれもの揃いの武士団をまとめあげ、北条氏こそ鎌倉武士のナンバー1であると証明することに成功したのです。

牧の方と平賀氏

時政はこうして陰謀によってライバルを追い落とし、ついには将軍の首まですげかえるに至りました。しかし、実権を握った時政は後継者をめぐってつまずくことになります。具体的な年はわかっていないのですが、時政はあるとき貴族出身の女性を妻に迎えました。『愚管抄』では、「時正《ママ》わかき妻をまうけて」とわざわざ記されていますから、かなりの年の差婚であったと考えられます。時政の権力闘争は、この女性を妻としたことで、大きな広がりを見せることになるのです。

この女性は、牧《まき》の方といい、本章の始めでも紹介した、平清盛の継母である池禅尼の姪にあたります。この婚姻関係から、「時政が池氏の縁者だったから、頼朝の配流先として、北条氏の領地が選ばれたのではないか」という学説も登場しました。しかし、私はこの考えには否定的です。もし早い時期に牧の方と結婚していたとなると、池氏の縁者ですから、平家全盛の時代に時政が無位無官であったとは考えにくいのです。

ここで時政の血縁関係を整理しておきましょう。時政の前妻の子には、政子、義時、時《とき》房《ふさ》（一一七五〜一二四〇）らがすでにいました。しかし、時政は牧の方を非常に愛し、彼女との間に生まれた北条政範《まさのり》を北条氏の後継者にしようと考えていたようです。ちなみに義時の母は伊東祐親の娘ですが、貴族の出身である牧の方の方が、圧倒的に家柄が上です（政子と時房の母は不詳）。

ライバルを次々と罠にはめた時政は、自らの後継者を政範に定め、育成することにしました。政範は十代の時点で、従五位下の官位を得ていて、この時代の北条氏の中では破格の出世コースを歩き始めていました。一方の次男、義時は合議制のところでも説明したとおり江間氏を名乗っており、北条本家の後継者とは認められていなかったのです。

時政は政範を北条氏の中心に据えるべく動きました。ところが、政範が一二〇四（元久元）年に十六歳で急死してしまったことで、話は思わぬ方向へと転がっていきます。時政は「やっぱり義時に任せるか」と思うことなく、牧の方が生んだ娘の婿を重用しはじめます。この娘婿とは、源氏の名門である平賀家の当主・朝雅という武士です。

平賀氏は源義光《よしみつ》（新羅《しんら》三郎《さぶろう》）の子・盛義《もりよし》が祖となり、頼朝時代には「門葉」の中でも最上位の扱いを受けていた一族です。本拠地は、馬の産地として知られる信濃の佐《さ》久平《くだいら》。当時の佐久平は豊かな土地で、南北朝期の史料では、「伴野庄《とものしょう》（佐久にあった荘園）の年貢高は八千貫」とされます。五百貫もあれば、大きい荘園とされた時代ですから、平賀氏の保有する資産はケタ違いでした。

さらに朝雅の父である平賀義信は、頼朝の父義朝に仕え、その死の直前まで行動を共にしました。受けた恩を大事にする頼朝ですから、義信を「父を最後まで助けてくれた」として重用し門葉の最上位にしたのです。ただし、そこには頼朝流のしたたかさもありました。頼朝が旗揚げしたころは、全国に源氏の直系一族がゴロゴロいたので、自分こそが正統な源氏の棟梁だと名乗り出る可能性があった。非常にあやうい立場だったのです。平賀氏のような源氏の名門が頼朝を主君として扱い、家来として仕えることで、頼朝こそが源氏一門のトップであるというアピールになったのです。

頼朝は、平賀義信に比企尼の三女を嫁がせ（義信はその頃、相当な高齢だったはずです）、自分が恩義のある一族同士を強く結びつけました。その女性との間に生まれたのが、平賀朝雅です。いわば、頼朝がプロデュースして生み出した、新時代の源氏一族といっていいでしょう。時政は、この朝雅を自らの政権基盤を固めるための重要なカードとして大事に扱っていきます。

武蔵の情勢

目ざとい時政が、権力固めの一環として狙いを定めたのは武蔵の地でした。武蔵は平賀義信が国司を務める国です。武蔵には多くの御家人の本拠地がありましたが、なかでも河越重頼がリーダーを務める秩父党は強力な武士団でした。もともと平氏を祖とする秩父氏が発展して、一族が畠山、小山田《おやまだ》、稲毛《いなげ》、榛谷《はんがや》などを名乗るようになったものです。これらをまとめて「秩父党」と呼びます。前述のように河越重頼は、頼朝の意向で比企尼の次女を妻にし、さらにその娘を源義経に嫁がせたことで、幕府と強い婚姻関係を結ぶことになります。ところが、源義経が謀反人となったことで、河越重頼は連座して殺されてしまいます。

河越重頼亡き後、空白となった秩父党の盟主についたのが、「武蔵国惣検校《そうけんぎょう》」と呼ばれた畠山重忠でした。畠山重忠は、「武士の中の武士」といっていい勇猛な武士で、当時の誰もが認める武士の代表的な存在でした。たとえば、源平合戦の最中、一ノ谷の戦いで、愛馬を担いで崖を下ったというエピソードでも知られています。

『吾妻鏡』にもこのような逸話が記されています。ある時、頼朝が畠山重忠に謀反の疑いをかけました。すると重忠は、弁明をしつつ「武士なら謀反の疑いをかけられることを誇りに思う」といったというのです。

畠山重忠は、北条時政の娘（前妻の子）を妻に迎えていて、北条グループの一員でもありました。そのような人物が武蔵の軍事部門のトップになれば、普通だったら北条一門は安泰だと思うはずですが、時政は違いました。

可愛がっている平賀朝雅が義信の後を継いで国司になった時に、武蔵に強い影響力をもつ畠山重忠がいるのは邪魔だと考えたのです。「それならば、早いうちに畠山重忠を排除してしまおう」、時政は、その機会をうかがいました。

「重忠を討て」

一二〇四（元久元）年十一月に、京都にある平賀朝雅の館で宴会が開かれました。きっかけはわからないのですが、その席で、平賀朝雅と畠山重忠の嫡男・重保《しげやす》が喧嘩を始めたのです。当時の記録を見るとよくわかるのですが、とにかく鎌倉武士は喧嘩っ早い人たちです。ささいなきっかけですぐに乱闘騒ぎに発展するのです。朝雅と重保の一件は、周りが「まあまあ、二人とも熱くならずに」と収めたようで、大きな騒動にはなりませんでした。

ところが、朝雅の方は、重保への恨みを募らせていました。そして、機会を見つけて朝雅は義母の牧の方に「重保はとんでもない奴だ」と告げ口をしました。牧の方は娘婿からの訴えを聞いて激怒し、時政に訴えたのです。

時政にとっては願ってもないチャンスになりました。これを利用して畠山氏排除の陰謀を巡らせることにしたのです。

一二〇五（元久二）年六月二十一日に、時政は義時と時房の息子二人を呼び出し、「謀反を起こそうとしている重忠を討つことにした」と告げたようです。『吾妻鏡』にはこの時の義時の言葉が残っています。

「重忠は頼朝公以来、ひたすら忠誠をつくしてきた。今どのような憤りがあって叛逆を企てるでしょうか」

義時が必死で父を止めようとしたため、時政は無言で席を立ったと書かれています。時政は、館に戻り牧の方に相談をしたのでしょう。牧の方の兄である大岡時親《おおおかときちか》（生没年不詳）が、義時のもとを訪ねてきました。大岡は「あなたは、実の母でないから牧の方のいうことを聞かないのですか」と言い放ちました。これを聞いた義時はついに覚悟を決めます。

翌日、将軍実朝によって「謀反人追討の命令」が下りますが、おそらく時政の進言によるものでしょう。合戦があると聞いて、多くの御家人が、鎌倉に集まってきましたが、その中に畠山重保もいました。海岸線から鎌倉の中心部に北上しようとしたところで、三浦義村の手勢が重保たちを取り囲みます。

その瞬間まで重保は自分が「謀反人」とされたことなど思いもよらなかったはずです。突然、襲いかかられた重保はあっさりと首を討たれてしまいました。

ここでぜひ覚えておいて欲しいのは、三浦一族の動きです。三浦氏は鎌倉のすぐ東隣にある三浦半島を根拠地とする御家人です。御家人のランクでいえば、先述のBで三百騎以上の大軍を動員することが可能です。この一族を味方につけることで、素早く大軍が動員できるので、権力闘争で成功するための鍵になっていたのです。

重忠の最期

さてその頃、父親の畠山重忠は武蔵の菅屋館《すがやのたち》にいました。館跡とされる城郭は、現在も埼玉県の嵐山町《らんざんまち》で史跡として郭《くるわ》などがきれいに残っています。その重忠のもとに秩父党の稲毛重成《しげなり》（?～一二〇五）と榛谷重朝《しげとも》（?～一二〇五）の使者が急報を届けにきました。「謀反人の討伐をするので、すぐに鎌倉に集まれとのご命令だ」とでも告げたのでしょう。六月十九日、重忠は百五十騎ほどの手勢を率いて鎌倉に向かいます。

二十二日、一路南下していた重忠は、今の横浜市にある二俣川《ふたまたがわ》で大軍を見つけます。重忠を待ち構えていた幕府の軍勢でした。

有力な御家人がずらりと居並ぶ姿に「どうやら、俺が謀反人にされたらしい」と重忠は気がついたことでしょう。重忠の家来は恐れをなしたのか、撤退を進言しました。しかし、重忠は、きっぱりと断ります。

〈「家を忘れ親を忘れるのが武将の本意である。だから重保が誅殺された後、本拠を顧みることはできない。去る正治の頃、（梶原）景時は一宮の館を撤退し、途中で殺されてしまった。しばしの命を惜しむようであり、またあらかじめ陰謀の企てがあったようにも思われた。（このように）推察されては面目がなかろう。まことに（景時の例は）後車の戒めとすべきである」〉（『吾妻鏡』元久二年六月二十二日）

　逃げることを潔しとせず、重忠は兵力に勝る幕府軍に突撃を命じます。四時間にわたる激闘の末、重忠は見事な討ち死にを遂げることになりました。

　重忠の首は義時によって鎌倉にいる時政のもとに届けられました。義時は、「謀反の企ては嘘に違いない」と断言します。「昔から重忠とは轡《くつわ》を並べて一緒に戦ってきましたから、この首を見ると涙を流さないわけにはいきません」と『吾妻鏡』に記述がありますが、時政はこの時も黙って席を立ったとされています。

　しかし、「友情」と政治は別のものと考える冷徹さが義時にはありました。義時が権力を確立した一二一三（建暦三）年、畠山重忠の子で僧となっていた大夫《たいふ》阿《あ》闍梨《じゃり》重慶《ちょうけい》が日光のお寺で匿《かくま》われていたことがわかりました。さらには謀反を企てているという情報ももたらされます。義時は、すぐに兵を動かして、有無を言わさず重慶の首を斬ってしまったのです。この子供に畠山家を継がせることもできたはずです。しかし、義時はためらいなく殺している。このことから、もう流れは変えられない、という冷徹な目を持った義時の姿が浮かびます。むろん、畠山領は皆で分配してしまったので、今更出てこられても困るというのも本心だったでしょう。

ここでの義時の立ち回りは複雑です。父の命令に従って畠山討伐には加わる。しかし、御家人たちの世論の反発を感じ取り、父を弾劾するが、畠山の一族は冷酷に潰してしまう。いずれにしても、重忠を悼むいささか芝居がかった義時の言葉は、御家人たちの心を一気に時政から引き離したと考えられます。完全に流れが変わったのです。「これはまずい」と感じた時政は猿芝居を始めました。時政と計って畠山重忠を鎌倉におびき出した稲毛重成と榛谷重朝の兄弟を殺したのです。

「こいつらが秩父党のナンバー1になろうとして重忠を陥れたんだ」と、時政は二人に事件の責任を擦《なす》り付けようとしました。北条氏のお家芸である「実行犯の口封じ」です。しかし今回は、誰もそのような小細工を信じませんでした。

時政の失脚

それに追い打ちをかけるように閏七月、時政が主導する、さらに大きな陰謀が「発覚」

しました。牧の方と計って、将軍・源実朝をその座から引きずりおろし、平賀朝雅を将軍にしようとしたというものです（牧氏の乱）。

しかし、これも実際にこのような陰謀が存在したのかは、疑問が残ります。私は、牧氏の乱は義時による時政追放事件だったと考えています。

事件の概要をみてみましょう。鎌倉幕府には後世の我々が想像するような首相官邸のような公の施設はありませんでした。有力者の私邸に人々が集まり、そこが官邸であり議会となったのです。この時点では、時政が私邸に将軍実朝を住まわせていましたので、時政の館が「首相官邸」でした。

義時は軍勢を率いて一気に館を囲みます。そして、勢いのまま実朝を連れ出し、自分の保護下に置きました。「玉」を取られた時政は、これでおしまいです。時政は、その日のうちに出家させられ、鎌倉から追放され本拠地の北条に追われました。義時も父親を殺すことは考えなかったようで、本拠地で監視下に置くことで済ませたようです。十年後の一二一五（建保三）年に復権することなく七十八歳の長寿を全うして時政は亡くなりました。

ちなみに愛妻の牧の方はいつの間にか京に戻っています。藤原定家の『明月記』には、非常に贅沢をしている人物として描かれていますので、それなりに楽しい後半生だったのでしょう。

一方で、義時は禍《わざわい》の芽を摘むべく、京都でも動きました。京都にいた平賀朝雅を後藤基《ごとうもと》清《きよ》（？〜一二二一）たちに討たせたのです。

平賀氏の失脚は、武蔵の勢力図を完全に塗り替えました。そもそも、武蔵は平賀氏が国司（武蔵守）を務め、畠山重忠らの秩父党が軍事力を持つ二重構造でした。それが、時政の陰謀で平賀氏に一本化され、さらに義時はその平賀氏を滅ぼしてしまった。そうなると、武蔵は有力な御家人のいない空白地帯になります。そこで義時は弟の時房を武蔵守に就けました。北条氏は自分の勢力を拡大したのです。

以後、北条氏は相模守と武蔵守を独占し続けます。特に執権体制が固まってからは、執権は相模守、連署《れんしょ》（副執権）は武蔵守となり「両国司《りょうこくし》」と呼ばれるようになります。

こうして父の暴走を止め、鎌倉武士たちの「世論」を集めることに成功した義時は、南関東の最重要エリアをがっちり押さえ、鎌倉の新しい支配者となったのです。

第二章　北条義時――「世論」を味方に朝廷を破る

義時時代の幕開け

時政が伊豆に追放され、義時が当主になった瞬間が、本格的な北条時代の幕開けとなります。この義時の時代に、源実朝の暗殺で源氏の将軍が途絶え、承久の乱によって朝廷すら屈服させています。まさに鎌倉の「王」となったのです。

〈遠州《えんしゅう》禅室（北条時政）が伊豆の北条郡に下向された。今日、相州《そうしゅう》（北条義時）が執権《しっけん》の事を承《うけたまわ》られたという〉（『吾妻鏡』元久二年閏七月二十日）

「執権の事」とは、政所の別当（長官）になったことを指します。「北条氏の正史」である『吾妻鏡』をよく読むと、時政よりも義時を初代北条氏とみなしているように思えてきます。実際『吾妻鏡』においては、政所別当であった時政を「執権」と記してはいません。

その一方で、北条義時は謎の多い人物です。同時代の彼の肖像画は伝わっていませんし、木像などもありません。黒子であるという自己認識があったのか、必要以上に表に出ないようにしていた節があります。

若き日の義時を考える上で重要なポイントは、北条氏の嫡男ではなかったことと、頼朝の側近であったことでしょう。

これまで折に触れて、義時は時政の後継者でなかったと書いてきましたが、ここで話を整理しておきましょう。義時が世に出たころの記録や『吾妻鏡』の記述では、「北条」義時ではなく「江間」義時と表記されることが多いのです。江間とは伊豆の地名で、ちょうど北条氏発祥の地・北条の北側に位置します。当時の武家は、本家を継げなかった人間にしかるべき土地を与え、別の名字を名乗らせることが普通でした。同様に時政も、義時に江間の土地を与え別の家を作らせたと考えられます。

江間義時は、源頼朝に目をかけられ、その秘蔵っ子として親衛隊である十一人衆の中に加えられていました。義時を側近中の側近として可愛がった頼朝は、「義時は俺の子孫を代々守ってくれるだろう」と絶賛しています。義時にとっても頼朝からの厚い信頼は、終生の誇りだったはずです。むしろ、「頼朝イズム」の継承者は自分であると考えていたのではないでしょうか。

そんな義時が政争の表舞台に立ったのは、前章でみた時政の追い落としによってでした。つまり、義時は時政の後継者としてではなく、時政を打倒して、関東の武士のトップに立ったのです。そして、トップに立った義時は、時政同様ライバルを次々と駆逐していきます。その延長線上に起きたのが、実朝暗殺事件でした。

「許せないのは義時」

北条義時による権力闘争の最初のターゲットは、和田義盛でした。頼朝の時代から幕府を「武」によって支えてきた和田義盛は、御家人の代表であり軍事部門のトップである侍所別当に任じられていました（先に滅ぼされた畠山氏は、御家人たちから尊敬を集めてはいましたが、必ずしも幕府内での地位は高くありませんでした）。

和田氏の本拠地は三浦半島にあり、鎌倉の目と鼻の先です。「首都」の真横にライバルの本拠地があるのは、北条氏にとってみれば非常に目障りだったでしょう。すでにご紹介したように和田氏はこれまた有力御家人である三浦氏と同族でした。血筋でいえば三浦氏が本家なのですが、和田義盛の方が力を持っていて三浦党のボスとして振舞っていました。

一二一三（建暦三）年二月、ある陰謀が発覚します。信濃の御家人で、清和源氏の源満《みつ》仲《なか》の弟の子孫を称する泉親衡《いずみちかひら》による謀反でした。泉は実朝を排除し頼家の子である千寿を将軍に立てて、義時を殺害しようと企てたというのです。この泉親衡は、ほとんどこの事件のみに登場する人物で、本当にこのような大それた陰謀を計画したのか、疑問が残ります。つまりは「謀反の疑い」自体が陰謀だった可能性があります。

通報を受けた幕府はすぐに動き、信濃の武士を中心に上総の臼井十郎《うすいじゅうろう》（上総広常の甥）など各地の武士百三十人とその従者二百人が捕まりました。陰謀に加担して捕まったメンバーに和田義盛の子の義直《よしなお》、義重《よししげ》、甥の胤長《たねなが》の三人が含まれていたことで大きな問題に発展します。

逮捕を知った和田義盛が領地の上総から急いで鎌倉に戻り、将軍実朝に面会しました。それを受けて実朝は「積日の功労を考え、子息義直・義重への処分のことを愁《うれ》えた」（『吾妻鏡』建暦三年三月八日）そうです。そして、実朝は審議を経ずに「父（義盛）の度重なる勲功に免じて」二人の子息の罪を赦《ゆる》しました。

その翌日、義盛が今度は一族九十八名を引き連れて将軍のもとを訪ね、「どうか胤長もお許しください」と願い出たのです。しかし、今回は対応が違いました。

〈この胤長は今度の首謀者であり、特に策謀を廻らしていたと聞き及ばれていたので、赦されず（中略）さらに閉じ込めておくよう、相州（北条義時）が（実朝の）ご意向を伝えられた〉（『吾妻鏡』同年三月九日）

義時が、実朝の意向を和田義盛に伝えたのです。後ろ手に縛られた胤長が一族の眼前で新しい収監先に引き渡されました。義盛にとってこれほどの屈辱はなかったでしょう。「義盛の逆心はここに由来するという」（同前）とあります。

さらに、和田胤長の屋敷の扱いも問題になります。鎌倉の中心にあった邸宅は「これまでの慣例に従って、我々和田一族が引き取りたい」と申し出た義盛に、一旦は将軍の許可が下りました。しかし、すぐに決定が覆《くつがえ》り、「邸宅は義時に与える」と決まったのです。

実朝は義盛のもとに、「まさか戦をするんじゃないだろうな」と使者を送って思いとどまるように諭《さと》しました。それに対する義盛の答えが残っています。

「実朝様には何の恨みもありません。ただ許せないのは義時です」

一連の流れの中で、たしかに幾度も義時の影がちらつきます。何より、当の和田義盛が、義時が黒幕だと考えていたのです。

和田合戦

義盛のもとには、縁戚である武蔵の横山党からも援軍が到着するなど、着々と戦の準備が進められました。そして五月二日、ついに義盛は兵を挙げました。

その挙兵の一報を義時に届けたのは、なんと和田義盛と同族の三浦義村でした。

義盛にしてみれば、義村は一族でしたから、「打倒北条氏」の戦に立ち上がってくれると考えていたはずです。実際に義村は、直前に起請文を作ってまで和田義盛と共に義時を討とうと約束していました。しかし、驚くほどあっさりと裏切ったのです。

この三浦の裏切りは、鎌倉時代にはよく知られていたようです。『古今著聞集《ここんちょもんじゅう》』（一二五四年に成立した説話集）には、しばらく後の事としてこんなエピソードが書かれています。御家人の集まりの席で、まだ年若い千葉胤綱《たねつな》（一二〇八～一二二八）が、上座にどっかりと坐りました。年長の義村が、不快になって「下総の犬は臥所《ふしど》を知らぬ」と皮肉を言いました。すると胤綱が「三浦の犬は友を食らう」と切り返したのです。「友を食らう」とは痛烈な一言です。当時から御家人の間では、「三浦＝裏切者」のイメージが共有されていたことがうかがえる逸話です。

義村の行動を単なる裏切りとみるのか、そもそも最初から北条義時と通じていて和田氏の内情を探っていたのか、史料は残されていないため想像に頼るしかありません。しかし、梶原景時を追い落とした政変で、義村が騒ぎを大きくしていることや、後の実朝暗殺（この時の振る舞いは後で詳しく述べます）などを考え合わせると、常に北条氏の思惑に沿った行動が目立つのも事実です。

　さて、義村からの通報を受けた義時は、すぐに御所に入り実朝の側に控えます。頼朝の旗揚げ以来、幕府の武を司ってきた和田勢は、百五十騎を三手に分け、ひたすら義時の首を狙って攻撃を繰り返します。

　しかし、北条軍はこの攻撃に耐えました。その時、中心となって指揮したのが、義時の息子、北条泰時《やすとき》（一一八三～一二四二）です。そして、次第に各地の御家人たちが北条方に加わっていきます。理由は明白で、義時のもとに将軍実朝がいるからです。和田義盛は義時を攻撃しているつもりでも、将軍を攻撃する反逆者になっていたのです。翌日、義時は実朝から「義盛追討令」を手に入れます。これで北条方は正式な幕府軍となり、戦いは私闘ではなく、反幕府勢力＝和田氏との戦いになりました。北条側が「玉」を押さえたところで、この戦の勝敗は決まったといえるでしょう。

　こうなると流れは止まりません。膨れ上がる幕府軍によって和田勢は次々と撃破され、ついには全滅することになります。こうして、武勇の誉れ高い和田氏は滅亡しました。

義時にとって、この合戦の意義は三つにまとめることができます。

まず、強大な軍事力を有する和田氏と鎌倉のど真ん中で正面衝突して打ち勝ったというインパクトです。これまでの北条氏は政治力や外交力で手柄を立てたことはあるものの「武」のイメージはありませんでした。比企氏を滅ぼしたのも騙し討ちでしたし、畠山重忠もそれに近かった。ところが和田合戦によって、軍事力でも北条氏が御家人の中で頭一つ抜け出た存在であることを幕府内外に知らしめたのです。

二つ目は恩賞です。戦が終われば、いつものように領地の分配を行います。和田義盛と彼に味方した武士団は、相模や武蔵をはじめ全国に所領を持っていました。和田派が壊滅したことで、北条氏は功績のあった御家人にその所領を分け与えることができたのです。和田義盛を裏切った三浦義村には、陸奥の名取《なとり》庄（現在の宮城県名取市）の地頭職が与えられました。義時自らも相模の山内《やまのうち》庄（現在の横浜市など）を手に入れています。

三つ目は、和田義盛の持っていた侍所別当の役職を、義時が手に入れたことです。義時はもとから手にしていた政所別当と兼務することになります。ここに政治と軍事の両方を北条氏のトップが握る事実上の「執権体制」が確立したといえます。

「治天の君」後鳥羽上皇

前章でも述べたように、義時をはじめとする北条氏が擁立した将軍が源実朝でした。実朝といえば、『金槐和歌集《きんかいわかしゅう》』などで後世にも高く評価された歌人であって、政治のことにはあまり関心がなかったというイメージが強いのではないでしょうか。これは大きな間違いです。実朝は政務を行う政所を整備し直し、自ら多くの政治的決断を行っています。当時の発給文書を見てみると、御家人たちの所領の安堵が実朝の名前で行われていることもわかります。父頼朝の行った「将軍親政」に近づこうと頑張ったのではないでしょうか。のちに述べるように和歌など京都の文化への傾倒も、朝廷との関係を良好にするという、頼朝以来の課題を達成しようとした一面もあるでしょう。

私はこの「政治的決断」の数々こそが、実朝暗殺の悲劇につながったと考えています。なかでも朝廷、この時代でいえば後鳥羽上皇との距離感を読み誤ったことが大きかった。

実は後鳥羽上皇は、歴代天皇の中でもトップクラスの才人であり突出した個性の持ち主でした。

私たちは、平成の天皇が退位したことにより、上皇のいる時代を経験しています。象徴天皇制の時代の上皇は、表向きの公務などもなく、静かに過ごしていますが、古代から中世にかけてはまったく違いました。むしろ、この時代の朝廷の主役は天皇ではなく上皇だったのです。上皇は天皇家の家長として、天皇を飛び越えて実際の政治を取り仕切る立場にありました。いまでも、企業や団体などで、引退したはずの元社長が、会長や顧問などの肩書になって、若社長を飛び越えて実際に会社を動かす状況を「院政」といいますが、その源流はここにあります。

さまざまな都合や玉突きで頻繁に譲位が行われますから、上皇が複数いる期間も稀《まれ》ではありません。しかし、その中で最高権力者は、ただ一人でした。それを「治《ち》天《てん》の君《きみ》」と呼びます。そして、「治天の君」が政治を行うことを「院政」といったのです。

鎌倉初期、朝廷に君臨した「治天の君」が後鳥羽上皇でした。政治だけでなく、芸術面でも力を発揮し『新古今和歌集《しんこきんわかしゅう》』の編纂を命じるなど、和歌や音楽などに精通し、さらに武芸の達人でもありました。『古今著聞集』によると、都の近郊を荒らしまわった盗賊交《かた》野八郎《ののはちろう》の捕獲作戦に自ら参加し、彼を捕えることに成功しています。その時に交野は「上皇が櫂《かい》を軽々と扱うのを見て敵わないと思った」と話したと書かれている。それほど、後鳥羽の腕っぷしは世に知られたものだったのです。

政治センスも歴代の天皇の中ではトップクラスだったことは、以下に述べる承久の乱に至る経緯からもうかがえます。むしろ後鳥羽上皇が飛びぬけて優秀だったがゆえに、承久の乱は起こった——私はそう考えています。

二君に仕える武士たち

鎌倉で義時が権力を強化する一方、京都では「富国強兵」政策が進んでいきました。それを主導したのが後鳥羽上皇です。財政基盤を整え、軍事力の強化を行ったのです。

まずは、財政面から見ていきましょう。この時代、朝廷よりも皇族が豊かな荘園を保有していました。上皇や天皇の娘である内親王の中には、独身のまま一生を終える人も多くいました。内親王たちに父である上皇から、生活費を賄うためとして多くの荘園が与えられていました。そのような荘園の中でも、八条院領《はちじょういんりょう》（二百二十を超える荘園）と長講堂領《ちょうこうどうりょう》（百八十の荘園）は、特に豊かで知られていました。後鳥羽上皇は、それらの荘園を自分の管理下に置くことで、経済面の強化を図ります。

また、摂関家の力も排除することに成功します。摂関家の重鎮である九条兼実が取り仕切っていた貴族の合議は廃止され、上皇の近親者や側近が政務を行うようになります。そして上皇の女房だった卿二位《きょうのにい》（藤原兼子《けんし》）は、大きな政治力を持ちました。慈円（兼実の弟、比叡山のトップである天台座主《てんだいざす》）は『愚管抄』に、北条政子と彼女を並べて「日本国は女性が一番の大事を決める」と記したほどです。

さらに後鳥羽が手をつけたのが朝廷軍の整備でした。すでに白河上皇の時代には、館の北側に武士のたまり場があったことから「北面《ほくめん》の武士」と呼ばれる上皇直属の軍隊がありました。これは由緒正しいエリート武士の集まりとなり、平清盛も源義朝も若いころにはそのメンバーでした。

後鳥羽上皇はこの北面の武士に加えて、新しい武士団「西面《さいめん》の武士」を組織します。かつて、幕府内の抗争に敗れた梶原景時が京都を目指したことを思い出してください。京都には天皇の武士団があったからこそ、御家人として未来がないのであれば、そこで再就職すればいい、と考えることが可能だったのです。

『吾妻鏡』には、加藤光員という御家人の例をあげ、「検非違使《けびいし》への任官は、西面の武士でもある光員への、後鳥羽上皇のお取り計らいである。だから、関東としては何も言えない」と記されています。つまり、幕府、朝廷の両方に仕える武士が存在し、なおかつ朝廷がその人事を決定しているのです。むろん、御家人が許可なく直接、朝廷と接触することは厳しく戒められていました。頼朝時代でしたら大きな問題になっていたでしょうが、実朝の時代はそうはならなかった。タガが緩んでいたと考えてよいでしょう。

増強される朝廷の武士団

後鳥羽上皇の軍拡政策にとって都合がよかったのは、北条氏の権力が強まることに反発を覚える御家人が日に日に増えていたことでした。鎌倉政権で重用されていないと感じる御家人に、上皇から「官位も土地も与えるからオレに仕えないか？」と声がかかったら、「これはありがたい」と話に乗る者は多かった。また、上皇に直接仕えるというのは、武士にとって名誉だったことも忘れてはいけません。

そんな上皇にスカウトされた御家人の中で、最も大物だったのは大内惟義《おおうちこれよし》（生没年不詳）です。

大内惟義は、北条時政の章で登場した平賀義信の長男で源氏（門葉）の筆頭でした。時政が後継者にと考えた平賀朝雅の兄にあたります。大内は、越前、美濃、伊勢、伊賀、丹波、摂津の守護を務めており、史料によっては、尾張の守護も兼ねていたとするものもあります。近畿方面の六（七）カ国の守護を務める超大物御家人です。

しかも、これらの国は、政局と縁がない遠方の国ではなく、京都に睨みを利《き》かせるための最前線でした。中でも越前、美濃、伊勢は、鎌倉と京都を結ぶ主要な街道が必ず通る国であり、交通の要衝なのです。

ところがすでに見てきたように、弟の平賀朝雅は牧氏の乱で北条義時によって殺されてしまいました。自分だっていつ殺されるかわからない、というのが大内惟義の本心だったでしょう。また当時、幕府における儀式の席次は大きく変化していました。これまでの門葉の筆頭である平賀氏（この時点での当主は大内惟義）を差し置いて、北条義時が上座に座っているのです（『吾妻鏡』建暦三年八月二十日）。誰の目にも権力が移ったことは明らかでした。

一方、義時にしても、いつ危険な動きをするかわからない大内惟義を失脚させたいと考えたでしょうが、何も有効な手を打てていませんでした。そこには後鳥羽上皇の存在が見え隠れしています。

大内惟義は御家人でありながら、後鳥羽上皇にも仕えていました。上皇の命を受けて奈良の興福寺《こうふくじ》や比叡山の僧兵から京都を守るために働いていたのです。そこで戦闘が行われた時も、鎌倉には何の報告もせず、上皇にのみ報告していました。あたかも上皇とだけ主従関係を結んでいるかのように振舞っていたのです。

そもそも大内惟義の役職は幕府が任命する「守護」です。つまり、将軍の命令にのみ従うのが頼朝以来の「鎌倉のルール」だったはずです。朝廷が何かものを頼みたいときは、朝廷が鎌倉幕府（将軍）に頼み、幕府が守護に命令するのです。それが将軍をすっ飛ばして、朝廷から直接命令を受けるようになってしまった。

しかも、それは大内ひとりに留まらず、畿内地方にいた多くの御家人も同じように上皇の命令に従うようになりました。ここに鎌倉幕府の創始者・源頼朝が最も恐れていた事態が生じたのです。

さらに大内惟義同様、後鳥羽にスカウトされた有力武士には、藤原秀康《ひでやす》（?～一二二一）がいます。藤原氏といっても傍流の傍流である藤原秀郷《ひでさと》（俵藤太《たわらとうた》）の家系で、通常であれば大した出世は望めなかったはずの秀康は、後鳥羽上皇の目に留まったことで、大出世を遂げます。何と七（八）カ国、下野、上総、能登、伊賀、河内、備前、淡路（これに若狭を加える史料もある）の国司を歴任することになるのです。これは異常な出世といって差し支えありません。

このように、後鳥羽上皇は子飼いの武士を抱え、彼らに重要な地域を治めさせることで、その支配体制を強化していました。藤原秀康の叔母は大内惟義の妻になっており、両者は血縁でも結ばれていました。まさに、後鳥羽系武士グループの両輪だったといえます。

実朝と京都

このような後鳥羽上皇を、東国から憧れにも似た眼差しで見る若者がいました。それが三代将軍の源実朝です。実朝は京都の持つ高い文化の香りに惹かれたのです。

ある時、実朝は朝廷のしかるべき歌人を和歌の師にしたいと後鳥羽上皇に願い出ました。後鳥羽はこれを許し、当代きっての歌人、藤原定家の門人になることを許します。実朝は定家に歌を送り、定家が添削をして返すという「通信教育」の形でレッスンを重ねました。

他にも、「学問の師を派遣してほしい」と願う実朝に、自らの側近（院の近臣）で学問に通じていた源仲章《なかあきら》（?～一二一九）を鎌倉に派遣します。実朝はこの源仲章を非常に重用し、鎌倉の御所近くに住まわせました。

実朝は、仲章を御家人にした上で、異例の抜擢を行います。一二一六（建保四）年には、政務を取り仕切る政所別当の中で義時より上席の一人に任じたのです（この時期の別当は複数制で最も上は大江広元）。仲章は単なる「家庭教師」ではなく、実朝の政治的ブレーンにもなったのです。

　この仲章は、しばしば京に行き、後鳥羽上皇と面会しています。このとき、鎌倉の情勢を逐一、報告していたのは間違いないでしょう。自分の側近を送り込み将軍のブレーンに就任させることで、鎌倉をコントロールする――それが後鳥羽の構想でした。

　また後鳥羽上皇は実朝の婚姻にも深く関与していました。後鳥羽の母親の実家である坊《ぼう》門《もん》家の信子《のぶこ》（一一九三～一二七四）を実朝の正室にしたのです。この時代は妻の実家が大きな発言権を持っていました。後鳥羽上皇は実朝に対して外戚に準ずるポジションを得たといえるでしょう。

　さらに実朝の官位がどんどん上がっていきました。一二一八（建保六）年十月には、父頼朝を越え内大臣、十二月には二十七歳で右大臣に叙任《じょにん》されています。ここまでくると、左大臣、太政大臣《だじょうだいじん》は目の前です。武士でありながら太政大臣といえば、平清盛と同じです。それは後鳥羽の目論見どおりでした。大内氏や西国の御家人を自分の配下にしたように、将軍実朝を朝廷の意のままにコントロールしようとしたのです。

　この後鳥羽から実朝への厚遇と、実朝の京都への傾倒に、義時や大江広元らは頭を悩ませました。あまりにも早く官位があがることを危惧して、実朝に諫言《かんげん》したことも『吾妻鏡』には記されています。「俺たちは京都と関係なく、自分たちで自分たちのことを決めるために、頼朝様に従った。そして、いまは実朝様に従っている。それなのに、実朝様が上皇の言いなりになっているのではないか?」と御家人たちは考えるようになります。それは鎌倉政権の存在基盤にかかわる問題でした。

実朝暗殺事件

もちろん実朝にも、将軍としての構想があったと思います。官位を高め、朝廷と接近することも、将軍主導の「外交戦略」とみることもできます。

その政策の当否や、実朝の政治姿勢をめぐって、「実朝は名君だった」「いや実朝は愚かだった」という議論がありますが、それ自体にはあまり意味があるとは思えません。より重要な問題は実朝個人の資質ではなく「御家人たちが何を求めていたか」だと考えるからです。

御家人たちはすでに頼家の時代に合議による政治を経験しています。侍所や政所などのシステムも整備されていきます。北条氏を中心とした大物御家人たちは、自分たちこそが幕府であり、幕府は自分たちの手で取り仕切るものだと考えるようになります。将軍といえども勝手な判断はして欲しくない。さらに朝廷べったりの振る舞いが加速したことで、「京都に取り込まれた将軍は俺たちにとって必要ない」と御家人たちが考えるようになっても不思議はありません。

そこで起きたのが、一二一九（建保七）年一月二十七日の実朝暗殺事件でした。雪が積もった鶴岡《つるがおか》八幡宮の石段を、儀式を終えた実朝は供を引き連れて降りていました。

そこに突然、鶴岡八幡宮別当で源頼家の子、公暁《くぎょう》（一二〇〇〜一九）とその一味が襲い掛かったのです。実朝は、その場で殺され、犯人の公暁は「父の仇を討ったぞ」と叫んだといいます。

実朝の首を持った公暁は、殺害現場を逃げだしました。そして匿われた先から、三浦義村に使者を送ります。その内容は「私こそ幕府の長に相応しい。取り計らうように」というものでした。それを聞いた三浦義村は、すぐに北条義時に状況を報告します。義時は「公暁を討て」と命令を下しました。間髪入れず三浦の手勢が潜伏先を襲撃し、公暁は討ち取られることになります。

この将軍暗殺という大事件には、公暁の単独犯行説だけでなく、さまざまな黒幕説が生まれました。直前になって体調不良になり儀式に参加しなかった北条義時説、公暁が支援を要請した三浦義村説（作家・永井《ながい》路子《みちこ》さんが唱え話題になりました）などが有力なものです。

私は、この事件は御家人たちの総意であり、それをくみ取った義時によって起こされたと考えています。理由は再三述べてきた通り、実朝が将軍の存在意義を忘れてしまい、御家人の利益代表ではなくなったことに尽きます。御家人の利益を守れない将軍は、御家人にとって必要ない存在だったのです。

この事件が、単に実朝個人を狙ったわけではないことも忘れてはいけません。実朝の近くにいた源仲章も殺害されているのです。もともと義時を殺そうとしたが、公暁は義時が途中退席をしたことを知らず誤って仲章を殺したものだ、と『愚管抄』は記しています。果たしてそうでしょうか。普通に考えれば、東国武士にとって仲章ほど目障りな存在はいませんでした。仲章は実朝のブレーンであり、政所別当でもある。さらに後鳥羽上皇のメッセンジャーだったわけですから、「朝廷依存」の象徴でもあった。御家人たちの憎しみを買っていたのは間違いありません。実朝もろとも仲章もこの世から葬ってしまえ、と殺されたと考える方がいいでしょう。

手際よく実行犯の公暁を殺害することで、事件の背後関係を含めてうやむやにしてしまうのも、比企氏追討や畠山重忠追討の時とまったく同じです。

また、ここでもキーパーソンとして三浦義村が登場します。そもそも公暁は事件後に、まず三浦義村にメッセージを送っているほど近い関係なのに、すみやかに北条義時と連携して公暁を討った。これもまた和田義盛を裏切ったパターンと共通しています。

私が御家人の総意をくんだ義時陰謀説が最も妥当だと考える理由の一つは、前著『承久の乱』でも書きましたが、事件後、公暁の背後関係をろくに探った形跡がない事です。公暁本人は実朝を殺しておいて、逃げようともせず、自分が将軍になれると思っていた。協力者の存在が疑われてしかるべきなのに、少数の僧侶を捕まえただけで、それ以上誰も問題にしていない。和田合戦の原因となった泉親衡の謀反計画など、まったく実態がないのに、数百人の関係者が捕まっているにもかかわらずです。

実朝暗殺が、北条氏主導だったと考えるもう一つの理由は、その後北条氏によって源氏の一族が次々に殺されていることです。事件からひと月もたたずに阿野全成（頼家によって殺された頼朝の弟）の息子である阿野時元《ときもと》が、将軍の地位を狙って挙兵したとして北条氏の手勢に討たれました。さらに源頼家の子で、公暁の弟の禅暁《ぜんぎょう》も、北条氏によって京都に送られたのちに殺されています。北条氏は頼朝直系の男子を次々と殺しているのです。

そもそも実朝の生前から、幕府は病気がちで子供のいない実朝の後継ぎとして朝廷から養子を迎えようと考え、交渉を行ってきました。そして、後鳥羽上皇の皇子を四代将軍の候補とすることで一致しました（この際に鎌倉代表として、上皇側の代表である卿二位こと藤原兼子と交渉を行ったのが北条政子でした。「政子」という名前も、しかるべき身分の人と会うためにこの時、名乗るようになったのです）。この時点では頼朝直系の源氏の男子も複数おり、門葉にも将軍となりうる候補がいたにもかかわらず、なぜ朝廷から将軍を招こうとしたのか。

　もはや御家人たちは、源氏の血を必要としなくなっていたと考えるべきです。むしろ、朝廷に対して毅然とした対応の取れる人物、京都の論理をはねのけてくれる人物が御家人の代表として鎌倉を仕切ればいい。その人物こそ、北条義時でした。つまり鎌倉幕府は、「頼朝とその仲間たち」から、「実朝とその仲間たち」ではなく、「義時とその仲間たち」へと変わっていきました。北条義時は血みどろの戦いを勝ち上がり、ついに鎌倉の「王」となったのです。

　こののちも、北条氏は将軍制度を存続させますが、自分たちに不利益であると考えればただちに、将軍の首をすげ替えるようになります。

後鳥羽上皇の反発

実朝暗殺は、後鳥羽上皇の対鎌倉政策を大きく狂わせました。そんな後鳥羽上皇のもとに鎌倉からの使者が現れます。

「お約束通り、皇子を将軍にしたいと考えております」

なぜ、朝廷と距離を置こうとする幕府が、天皇の血筋を必要としたのか。これは、非常にねじれた部分ですが、この時代を理解する上で重要な要素です。

この時代の御家人は、基本的には荘園の管理人でしたから、その仕事をめぐって荘園の持ち主である皇族や貴族、寺社などからしばしば訴えを起こされました（税がきちんと送られてこないなど内容は様々です）。

幕府（北条氏）は御家人の窓口としてそのような訴えを一括で引き受け、裁定をしなければなりません。そうなると必要になってくるのは、権威であり、それに付随する人脈です。源氏よりも高貴な上皇の血筋であればいうことは何もありません。神輿に担ぐなら、天皇の一族だと義時は考えたのです。

しかし、親王を鎌倉に招く交渉ははかどりません。後鳥羽上皇にしてみれば、「気に食わないとすぐに殺してしまう。そんな危ない土地に自分の大事な息子を送れるわけがない」という気持ちだったでしょう。

結局、義時は後鳥羽上皇の皇子の下向を諦めます。そして、プランBとして摂関家九条家の少年九条三寅《みとら》（のちの頼経《よりつね》、一二一八〜五六）を次期将軍として迎えることが決まりました。しかし、この少年が四代将軍になる前に、幕府と朝廷との対立は決定的となりました。

承久の乱

一二二一（承久三）年五月十四日、後鳥羽上皇がついに動きました。幕府の追討を決意したのです。承久の乱のはじまりです。その直前に、現在の伏見《ふしみ》にある城南宮《じょうなんぐう》での流鏑馬《やぶさめ》を名目に畿内一円の武士が集められたとする記述が、乱の顚末を記した軍記物の『承《じょう》久記《きゅうき》』にあります。

集まったのは京都に在住する御家人を含む武士たちです。彼らは、普段から後鳥羽上皇本人ではないにしても、貴族などと接していましたし、そもそも北条一強体制に不満を持っていた。それらの御家人が雪崩《なだれ》を打って、朝廷側についたのです。

守護クラスの御家人で上皇側に参加したものを挙げると、佐々木広綱《ささきひろつな》（近江、長門、石見守護）、佐々木経高《つねたか》（淡路守護）、佐々木高重《たかしげ》（阿波守護代）、後藤基清（播磨守護）となります。朝廷軍の総大将は先に挙げた藤原秀康でした（大内惟義は承久の乱以前に病没）。

一方で、京都守護は分裂しました。この時の守護は大江親広《ちかひろ》（大江広元の息子で妻は北条義時の娘）と伊賀《いが》光季《みつすえ》（妹が義時の後妻）の二人でした。大江親広は上皇方に加わりましたが、伊賀光季は上皇に従わなかったのです。光季は、朝廷の決起を伝える使者を鎌倉に送った直後に朝廷軍に討たれています。

朝廷内でも全員が後鳥羽の味方ではなく、親幕府派の貴族も存在しました。その一人、西園寺《さいおんじ》公経《きんつね》（一一七一〜一二四四）は、伊賀光季と同じく京都の情勢を知らせる使者を鎌倉に送ったのちに幽閉されてしまいます。

こうして承久の乱の火ぶたは切られました。先に仕掛けたのは、後鳥羽上皇だったのです。

御鳥羽上皇は、関東在住の御家人たちにも使者を送り、義時追討の兵を挙げるよう迫りました。本物の文書が残されてはいないのですが、残された史料から、上皇の命令書（朝廷の正式文書「官宣旨《かんせんじ》」もしくは簡略版の「院宣《いんぜん》」）には、「右京兆《うきょうちょう》（北条義時）を討て」と書かれていたと推測されています。
この「義時を討て」という文言を「後鳥羽上皇はこの言葉通り、北条義時を倒すことだけが目的で、鎌倉幕府の存在そのものを否定したわけではない」とする研究者もいます。私はこの説には、まったく賛同していません。端的に言えば、この時点において、すでに「幕府＝北条義時」となっていたからです。

一般的に朝廷が敵を倒す命令を出す際の文書の形式は、組織名ではなく相手方のトップの名前を書きます。たとえば、後に後《ご》醍醐《だいご》天皇（一二八八～一三三九）の意を受けて護良《もりよし》親王が討幕の命令を下した際の令旨《りょうじ》には、「平時政（北条時政）の子孫を討て」と書いてありました。

第一章でも書きましたが、この時代、「鎌倉幕府」という呼び名はありませんし、後世の徳川幕府のような確立した組織も存在していません。また、四代将軍に「内定」している九条頼経も鎌倉にいるだけで、何ら実権はありません。鎌倉に存在する集団は、あくまでも、「頼朝とその仲間たち」の後継にあたる「義時とその仲間たち」でしかないのです。そうなると、「義時を討て」としか書きようがないわけです。

そもそも後鳥羽上皇は、実朝の死後、鎌倉に対して、摂津のある荘園の地頭職を廃止するよう何度も院宣を下していました。その要請が来るたびに義時は、丁重ながらきっぱりと拒否していたのです。御家人たちから見れば、「やはり、朝廷は俺たちの権利を奪い取ろうとしている。義時はそれを突っぱねてくれる」ということになります。

関東武士が求めてきたことは、「東国のことは東国で決める」という大原則でした。後鳥羽上皇の院宣には、その点に関する保証がどこにもありません。

もしリーダーである義時を失ってしまったら、誰が、頼朝以降、御家人たちが築き上げてきた権利関係を保証してくれるのか。そう考える御家人たちにとっても「義時を討て」は、「鎌倉幕府を倒せ」と同義だったのです。

鎌倉は一致団結した

ここでまたもや登場するのが三浦義村です。三浦義村の弟・胤義《たねよし》は、京都に駐在しており、後鳥羽の呼びかけに呼応していました。さらに決起直後に兄へ使いを出し、「上皇方について義時の首をはねましょう」と持ち掛けています。『吾妻鏡』は手紙の内容をこう記します。

〈『勅命に応じて右京兆（義時）を誅殺せよ。勲功の恩賞は申請通りにする。』と命じら

れました。」〉（承久三年五月十九日）

手紙を受け取った三浦義村は、すぐに弟の使者を追い返しました。その後、手紙を持って北条義時のところへ駆けつけ、「私は、義時様に忠節を誓います」と宣言します。この手際の良さが、義村らしい。

ほぼ同時期に京都から鎌倉に、義時追討の命令書が届いたため、それを手に持った御家人が、次々と義時のところに集まりました。つまり、上皇の命令よりも義時についたのです。こうして、この戦いの流れはほぼ決定しました。

そこで有名な、北条政子による大演説がなされます。ドラマなどでは名シーンの一つなのですが、実際は少し違っていました。『承久記』では、政子自ら演説を行ったという描写をするのですが、『吾妻鏡』によると、政子は自分では話していません。

〈政子は御家人らを御簾《みす》の側に招き、秋田城介《あきたじようのすけ》（安達）景盛を介してよくよく指示して言った〉（同前）

安達景盛が政子の言葉を代読したというのです。

〈「皆、心を一つにして承るように。これが最後の言葉である。故右大将軍（源頼朝）が朝敵を征伐し、関東を草創して以後、官位といい、俸禄といい、その恩は既に山よりも高く、海よりも深い。（その）恩に報いる思いが浅いはずはなかろう。そこに今、逆臣の讒《ざん》言《げん》によって道理に背いた綸旨《りんじ》が下された。名を惜しむ者は、速やかに（藤原）秀康・（三浦）胤義らを討ち取り、三代にわたる将軍の遺跡《ゆいせき》を守るように。ただし院（後鳥羽）に参りたければ、今すぐに申し出よ」〉（同前）

　政子による「恩」をベースにしたメッセージは、北条氏による土地の保証の継続を宣言したことにほかなりません。これこそが、御家人たちが最も欲しかった言葉だったはずです。一致団結して朝廷側と対決することが確認された瞬間でした。

　義時は頼朝の後継者である。だから今義時を討てということは頼朝の恩を否定することで、幕府を否定することです。でも、「義時個人を討つのであって幕府の存在は認めるのだ」説であると、この理解がねじれてしまう。そのためこう解釈する研究者は、政子は論理のすり替えをしていると強弁します。これはいかにも苦しい。「義時個人を討て」説の辛さが表れています。

両軍の兵力

　はじめ幕府は、守りを固めて鎌倉に籠《こも》り、朝廷軍を迎え撃つ作戦を採ろうとします。鎌倉は三方を山に囲まれ、南は海という天然の要害で、「鎌倉城」とも呼ばれる、守りに適した場所でした。

ところが、それに異を唱えたのが、大江広元や三善康信ら文官グループでした。大江の言葉を紹介します。

〈「議論の趣旨はひとまず適当です。ただし東国武士が心を一つにしなければ、関を守って時間が経過するのは、かえって敗北の原因になるでしょう。運を天に任せて速やかに兵を京都に派遣されるべきです」〉（同前）

政子の言葉も残っています。

〈「上洛しなければ、絶対に官軍を破ることはできないでしょう（後略）」〉（同前）

二人は、「すぐにでも京都に派兵すべきだ」と強く主張したのです。彼らの意見は、武士たちは勢いのある方につく、京都から攻めてくるのを待っていては、朝廷側に勢いがつくし、中には裏切る武士も出るかもしれない、というものでした。

義時は、さらなる議論の上、この意見を受け入れ、京都に兵を送ることを決めました。実際に合戦をしない人たちの意見でも、理にかなっているとみて採用したところに、義時たちの柔軟さを見ることが出来ます。

ここで興味深いのは、義時自身は後鳥羽から仕掛けられた戦いに乗り気ではなかった、と『吾妻鏡』がしつこいほど強調していることです。朝廷に弓を引くことに恐れを抱いており、それを振り切っての決断であったこと、已《や》むに已まれぬ戦であることがくり返し描写されていますが、それはどこまで義時の本心だったのでしょうか。というのも、この「已むに已まれぬ」は、義時のいつもの行動パターンだからです。畠山重忠の討伐にしても父時政の追放にしても承久の乱にしても、「不本意だが已むを得ない」という形を必ず取る。これは御家人の「世論」への配慮、建て前づくりのうまさと考えることもできるでしょう。そこが、三浦義村のような「生き残った者が正義」、「周りに何と思われようと勝つ側につく」という剝《む》き出しのマキャベリストとの大きな違いです。

幕府軍は軍勢を三手に分けて京都への進軍を開始します。すなわち、東海道の北条時房（義時の弟）、北条泰時（義時の長男）、三浦義村ら主力軍。東山道は、武田信光《のぶみつ》（一一六二～一二四八）や結城朝光らの軍勢。北陸道は北条（名越）朝時《ともとき》（義時の次男）が兵を率いたのです。その数、十九万と『吾妻鏡』は記しますが、大ウソもいいところでしょう。以前、『承久の乱』を書いた際、『吾妻鏡』の記述をもとに兵数の計算をしたのですが、それぞれの軍勢が数千人から多くても五千人で、鎌倉から出撃したのは総勢一万数千人ほどであったと考えています。

三つのうち二つの方面軍の大将に、北条一門が就いているところに注目してください。かつては、五十騎をようやく集められる勢力だった北条氏が、御家人を代表する武闘派になったことを示しているからです。

一方の朝廷軍ですが、決起の際に千七百騎が集まったとされています。これは現実味のある数字であると結論付けました。

大まかにいうと、両軍の兵力差は十対一くらいであったといえます。

後鳥羽上皇は、動員に関しての計算が非常に甘かったと言わざるを得ません。まず自分が追討の命令を下せば、鎌倉にいる御家人たちは義時を討とうとするだろうと考えたこと自体が大間違いでした。

さらに国司や守護など、地域のトップさえ自分の味方にすれば、その国の兵力は丸ごと自分のものになると考えていたのでしょう。当然ながらこの時代の国司や守護はそのような強固な上下関係を持っていないので、兵はまったく集まりませんでした。そもそも、西日本には御家人の数も少ないのですから、当然といえます。後鳥羽の倒幕計画は細やかに手を打っているように見えて実のところ、抜けの多い部分があったのです。

官軍は、京都で伊賀光季を討ったものの、鎌倉に兵を進めるわけでもなく、かといって諸国の兵を京都に動員するわけでもなく、時間が無駄に過ぎていきました。この点からも、「早く京都に攻め上りましょう」という大江や三善たちの進言は正しいものだったといえるでしょう。

合戦の推移

鎌倉から幕府の軍勢が出てきたことで、官軍は重い腰を上げ、美濃の木曾川沿いを防衛ラインとして、戦備を整えます。大井戸《おおいど》、摩免戸《まめど》などの渡しに軍を集めて幕府軍を迎え撃とうとしたのですが、眼前を埋め尽くすほどの幕府軍が現れると、大した戦いもしないうちに戦意喪失して撤退を始めます。

美濃での敗北を知って、やっと後鳥羽上皇はことの重大さがわかったのでしょう。延暦《えんりゃく》寺《じ》に僧兵を出すように命じますが、あっさりと断られています。

六月十二日になって、朝廷軍は京都の入り口である近江の瀬田と山城の宇治の二カ所に、軍勢をかき集め、最終決戦の場としました。

宇治では、朝廷軍の指揮官として源有雅《ありまさ》（正二位・権中納言）や藤原範茂《のりしげ》（従三位・参議）などまともに戦争をしたことがないであろう貴族たちが登場します。もはや戦いの雌雄は決していました。

宇治の戦い

ここで注目したいのは、宇治の戦いです。この方面の幕府軍の総大将は、北条泰時でした。古来多くの戦で、戦場となった宇治の橋をめぐる戦闘です。今でも雨が降ると宇治川は増水して流れが速くなりますが、当時もそうだったようです。

数に劣る官軍でしたが、猛攻によく耐えたため幕府軍は川をなかなか越えられませんでした。六月十四日、泰時は、橋の突破をあきらめ川を渡って進軍すべきと考えます。

〈兵士が多く水面に轡を並べたところ、流れが急で、まだ戦わないうちに十人中の二、三人が死んだ〉（『吾妻鏡』承久三年六月十四日）

川岸から官軍が矢を射かけるなど、かなりの攻勢があったようで、泰時は子の時氏《ときうじ》（一二〇三～三〇）に、「わが軍は敗北しようとしている。お前は速やかに河を渡り、敵陣に切り込んで討ち死にしろ」と命じたほどです。

結局、渡河《とか》作戦は成功し、幕府軍は京都になだれ込みました。この戦いの勝利によって、戦う御家人として北条泰時の名が鳴り響いたはずです。詳しくは次章で述べますが、後の執権北条泰時の権力の源もまた戦いに勝利し続けたことによるものだったのです。

戦争放棄の院宣

幕府軍の京都入城に合わせて、後鳥羽上皇は敗北を認める院宣を出し、泰時が受けとりました。この内容がとにかくひどい。「自分は騙されただけだ」と乱の責任を藤原秀康、三浦胤義たちに押し付けたのです。

〈（藤原）秀康朝臣、（三浦）胤義以下の徒党、追討せしむべきのよし、宣下すでにおわんぬ、……凡《おおよ》そ天下の事、今に於《お》いてはご口入に及ばずと雖《いえど》も、ご存知の趣、いかでか仰《おお》せ知らざるか。凶徒の浮言に就きて、すでにこの御沙汰《ごさた》に及ぶ。後悔左右に能《あた》わず。……自今以後は武勇を携えるの輩は召し使うべからず、また家を稟《う》けずに武芸を好む者、永く停止せらるべきなり……先非を悔いて仰せられるなり〉（『承久記』）

大きな政策転換も書かれています。

「これからは、武士たちを出仕させない。貴族のなかで家業をつがず武芸の稽古をしているものも出仕させない」

「戦争放棄」「軍備の放棄」を宣言することで、今回の件は許して欲しいと訴えたのです。この院宣こそ、日本史の大きな転換点といっていいでしょう。古代のヤマト朝廷より「武」によって権力を維持してきた天皇が、以後、軍事には口を出さないとした。これによって武士による支配の時代が本格的に始まったのです。

試される戦後処理

義時は戦争が終わった直後から過酷な戦後処理を行います。七月二日に後藤基清、佐々木広綱ら御家人でありながら朝廷についたものは次々と処刑しました。

〈この者らは皆、関東の被官の武士である。右大将家（源頼朝）の恩を受けて数箇所の荘園を賜り、右府将軍（源実朝）の推挙により五位に昇った。たとえ勅命を重んじたとしても、どうして精霊（頼朝・実朝）の照らすところに恥じないことがあろうか。すぐにその御恩を忘れて遺塵を払おうとするのは、全く弓馬の道ではないと、人々は彼らを嫌ったという〉（『吾妻鏡』承久三年七月二日）

朝廷側に加わった御家人のなかには、大番役などでたまたま京都にいたため、参加したものもいました。東国には、兄弟や親族などが残っている場合が多く、普通なら彼らが助命嘆願したように考えてしまいます。しかし現実は違いました。朝廷側に加わった者の首を取れば、その領地が恩賞としてそっくり手に入るのですから、むしろ身内に対して極刑を望む者もあらわれたのです。

官軍に加わって処刑された佐々木広綱の子、勢多伽丸《せいたかまる》は、まだ十一歳の少年でした。さすがに占領軍の総大将だった泰時も彼の命は助けようとします。ところが、叔父の佐々木信綱《のぶつな》（一一八〇?～一二四二）が「自分の恩賞はいらないから、勢多伽丸を殺してくれ」と懇願します。泰時は手柄を挙げた信綱の必死の願いを受け入れざるを得ません。結局、勢多伽丸は首を切られました。兄の一族が滅んだことにより信綱は、佐々木氏本家の棟梁の地位を手に入れます。さらに一族の本拠地である近江の佐々木庄の地頭にもなりました。ちなみに、彼の末裔は近江で勢力を伸ばし、鎌倉幕府の末期には、婆娑羅《ばさら》大名として知られる佐々木道誉《どうよ》（京極高氏《きょうごくたかうじ》）が登場します。

後鳥羽上皇を流罪にする

朝廷にも処罰の範囲は広がりました。幕府は後鳥羽上皇の近臣だった一条信能《いちじょうのぶよし》、藤原光《みつ》親《ちか》、藤原宗行《むねゆき》、源有雅たちを斬首し、藤原範茂は自害に追い込まれました。また、少なくない貴族が追放されるなど、厳しい処断がくだりました。

武家が貴族たちの刑罰を決めて、次々と処刑していくというのは、前例のない、タブーを破る行為でした。貴族たちもどこかで、「なんだかんだ言っても命だけは助かるだろう」くらいに思っていたはずです。しかし、義時は甘くなかったのです。

例外もありました。官軍の大将軍だった坊門忠信《ただのぶ》（正二位・権大納言、一一八七〜？）は、首謀者の一人として鎌倉に連行されました。後鳥羽上皇の外戚として権力を振るった人物です。何としてでも生き延びたかった坊門忠信は、妹で源実朝の妻だった信子を通じて、「なんとか命だけは」と北条政子に助命を懇願します。政子から義時に話が持ち込まれたのでしょう、最終的に死刑は免れて越後に配流となりました（のちに京都に戻っています）。このことからも北条義時が乱の首謀者たちの生殺与奪の権を握っていたことがわかります。

さらに日本史を決定的に変えたのは、後鳥羽上皇すら罪に問うたことでした。これは、武士が朝廷をも凌駕《りょうが》する力を得たことの象徴となりました。後鳥羽上皇は、遠く日本海の隠岐に流されました。さらに後鳥羽の長男である土御《つちみ》門《かど》上皇（一一九五〜一二三一）は土佐に流され（のちに阿波に移る）、次男の順徳《じゅんとく》上皇（一一九七〜一二四二）は佐渡に流されます。土御門が幕府との対立を望まなかったことは幕府側にも知られていましたので、はじめは無罪とされたのですが、本人が「父が流されるのであれば自分も」と希望したため流されたのです。

　後鳥羽上皇は、亡くなるまで何度も「都に帰りたい」と幕府に頼みました。しかし、幕府は断固拒否したため、乱の十八年後の一二三九（延応元）年に隠岐の地で崩御しました。ほかの上皇も配流地で崩御しています。

　ただし天皇や上皇を殺すことはしませんでした。討幕運動を何度も行った後醍醐天皇が配流で済んだのは、承久の乱が前例となったためかもしれません。

　義時は後鳥羽上皇の血統を徹底的に排除することで、ある種の見せしめにしようと考えました。まず、四歳だった仲恭《ちゅうきょう》天皇（順徳天皇の子、一二一八～三四）を退位させています。わずか七十八日の在位でした。即位式も行われず、さらに退位後母の実家の九条邸で亡くなったことから、九条廃帝と呼ばれていました。仲恭天皇と諡号《しごう》が贈られたのは明治時代になってからです。

　さて、幕府はこの仲恭天皇の代わりに、後鳥羽上皇の兄で、天皇になったことのない守《もり》貞《さだ》親王の子を即位させます（後堀河《ごほりかわ》天皇、一二一二～三四）。政治は上皇が行いますので、守貞親王は天皇に即位したことがないまま、太上法皇（後《ご》高倉《たかくら》上皇）となって院政を行うことになりました。

ここで少し話を進めます。後高倉上皇は二年後に崩御したため、親政ののち後堀河天皇が譲位して子の四条《しじょう》天皇（一二三二～四二）が即位します。ところが、この四条天皇が十二歳の時に不慮の事故で崩御してしまいました。他に後堀河上皇の子供はなかったため、天皇の候補は後鳥羽上皇の血統しかいませんでした。貴族たちは後鳥羽上皇の次男である順徳天皇の子を即位させようとしますが、幕府の圧力によって、親幕府派だった土御門上皇の子である邦仁《くにひと》王が後嵯峨《ごさが》天皇（一二二〇～七二）として即位することになります。承久の乱から二十年ほど経過した後も、幕府は後鳥羽上皇の影響力に対して強く警戒していたのです。この事件は、泰時の章で京都の政局と幕府内の動きを交えつつ、再度触れようと思います。

承久の乱の意義

承久の乱は幕府と北条氏にとってどのような意味があったのでしょうか。

まず朝幕関係は幕府主導になりました。権力のありかを示すのは、なんといっても人事です。幕府が天皇を意中の人物に代えるほどの権力を握ったことは前述したとおりです。

さらに特筆すべきは承久の乱がもたらした経済的利益でしょう。朝廷の側についた武士などの三千カ所ともいわれる荘園の権利を幕府が没収し、幕府方の武士への恩賞として分配したのです。

治承・寿永《じゅえい》の乱（一般的には源平合戦と呼ばれます）の際に源氏が手に入れた平家の荘園は約五百カ所でした（平家没官領）。今回はその六倍に及びます。特に西国の武士や貴族の荘園であったため、地頭になった幕府方の武士が西国に進出することになります（西遷御家人）。これによって鎌倉幕府は東国だけを押さえる地方政権から全国政権への大きな一歩を踏み出しました。

こうした所領の分配は事実上、北条氏によって行われたので、北条氏と御家人の関係が変化したこともあげられます。「俺たちに土地を保証してくれるのは将軍ということになっているけど、こんど土地をくれたのは北条だ」というわけです。実際にこの前後から御家人の中でも、将軍だけでなく北条氏にも個人的に仕えるような者が出始めました。彼らを「御内人《みうちびと》」といいます。

また、幕府は京都に「六波羅探題《ろくはらたんだい》」を設けました。この機関は、幕府の出張所で、西国の監視や情報収集、裁判、さらには朝廷との交渉を行うなど非常に重要な役割を担います。探題は北方、南方にそれぞれ一人ずつが任命されましたが、北条氏の中でも指折りの人材が就任しています。北条泰時や極楽寺《ごくらくじ》（北条）重時《しげとき》（一一九八～一二六一）のように、京都で政治力を養い、鎌倉に戻って、幕府の中枢に上るパターンも見られるようになります。

これは次章以降のテーマになりますが、武力（＋陰謀）主導で地位を築いてきた北条氏が、京都＝朝廷というソフトパワーに直接アクセスすることで、「法」や「徳」という新しい支配のツールを手に入れるきっかけになったといえるのです。

北条氏の繁栄

さらに北条一族自体も肥大化します。北条氏は、時政も義時も泰時も多くの男子をもうけていました。そして彼らに、ライバルを潰し承久の乱に勝利して得た土地を分け与え、さまざまな家を興《おこ》させていきます。承久の乱の後、義時自身は、ほとんど土地を手にはしなかったのですが、弟の時房を始め一族は多くの土地を手に入れています。これにより豊かになった北条一族は、のちに幕府の重職も独占するようになります。また、一族が拡大することによって、幕府の役職とは別に、北条家の当主（得宗《とくそう》）であることの重要性が増していきます。これは後の「得宗専制体制」へとつながっていくのです。

今後、北条一族が次々と登場するので、ここで、時政、義時の世代の北条一族を整理しておきましょう。鎌倉北条氏は、誰もかれもが北条という名字のため、読んでいても誰が誰やらわからなくなってしまいます。その昔、私がNHK大河ドラマ『平清盛』（二〇一二年）の時代考証をした時も、画面に出てくる登場人物が皆、平○盛だったこともあり、視聴者は区別がつかなくならないか、心配になった記憶があります。

北条一族は屋敷のあった鎌倉周辺の地名などを冠して一門を他と区別しています。

まずは時政の男子ですが、宗時《むねとき》、義時、時房、政範の四人がいました。

宗時は頼朝の旗揚げの際の戦いで戦死しています。義時は本章で紹介した通りです。

時房は和田合戦や承久の乱で活躍し、六波羅探題南方に就任しました。のちにその子供から佐介《さすけ》流北条氏（佐介家）、大仏《おさらぎ》流北条氏（大仏家）が生まれています。

次に義時の男子たちですが、泰時、朝時、重時、有時《ありとき》、政村《まさむら》、実泰《さねやす》の六人です。

義時の後継者となった泰時は次章で詳しく紹介します。

続いて、名越《なごえ》流北条氏（名越家）になった朝時です。この一族は北条氏の中でも、得宗家に逆らう、かなり危険な一族となりました。名越一族の動きは後に触れることになるでしょう。

重時は極楽寺流北条氏（極楽寺家）の祖です。彼は六波羅探題北方に就任し、鎌倉の泰時と共に幕府を動かしました。泰時、そして泰時の孫時頼《ときより》の治世は、重時の補佐無くしてありえなかったといっていいほどの重要人物です。この一族からのちに執権を務める赤橋《あかはし》家、常葉《ときわ》家、塩田《しおた》家、普恩寺《ふおんじ》家など様々な家に広がっていきます。

有時は伊具《いぐ》流北条氏（伊具家）の祖になりますが、さほど重要な一門ではありません。

政村は、義時の死後すぐに大きな騒動の主役となります。

実泰は、金沢《かねさわ》流北条氏（金沢家）の祖です。北条氏の史料を集めた金沢文庫は、この一族によって設けられたものです。ここからは上野家、甘縄《あまなわ》家などの家が生まれました。

義時とは何だったのか

承久の乱の三年後、一二二四（貞応三）年六月、義時は病に倒れました。承久の乱の戦後処理に注力する中での死でした。

〈恩許があって（義時は）今日の寅の刻に出家され、巳の刻〔あるいは辰の刻とするか〕にとうとう亡くなられた〔御年は六十二歳〕。このところ脚気《かっけ》の上に霍乱《かくらん》が重なっていた

という〉(『吾妻鏡』貞応三年六月十三日)

　ここまでの義時の生涯をたどると、そのリーダーシップを支えたいくつかの特徴が見えてきます。

　まず、その政治姿勢には、「家の子」として仕えた頼朝の影響が強く感じられることです。それは御家人中心主義であり、それに介入するものは将軍でも、上皇でも、排除することを厭《いと》いませんでした。だからこそ、承久の乱に際しても、幕府勢は一丸となって朝廷に立ち向かえたのです。

　また、敵対勢力に対するときには、父時政以上に事を慎重に運んでいます。そもそも時政に命じられて畠山重忠を討ったときも、その後、時政を失脚に追い込んだときも、さらには実朝暗殺、承久の乱に至るまで、義時の行動パターンは一貫しているのです。

　①まず敵対行動をためらう。②周りに促されて、逡巡の末に立ち上がる。③敵を討ったあとは徹底的に処理する。

　私は、初めから義時は、③を狙っていたと思いますが、①、②のプロセスを経ることで、御家人たちの「世論」を納得させる形で、③の目的を達している。そして、気づけば権力が義時に集中していきました。

また弟の時房、息子の泰時、重時と、一族の中から優秀な補佐役、後継者を育て、重用したのも特筆すべきでしょう。

義時が血で血を洗う抗争を勝ち抜き、以後、百年以上続く北条支配の基を築くことができたのは、単なる武力だけではなく、卓越した陰謀力、御家人の総意を束ねた根回し力があったからといえるでしょう。

伊賀氏の乱と政子

義時の権力掌握には、頼朝の妻、将軍の母としての政子の存在が大きかったという見方があります。しかし、私はあまり、政子の政治力を大きく見積もらない立場です。もし、政子が大きな政治力を持っていたのであれば、父の時政は、頼朝時代にもっと厚遇されていたはずです。

義時が権力を掌握する過程をみると、あくまでも主体は義時自身にあり、政子を「頼朝の妻」という御家人の誰もが反対しようがないカードとして上手く利用したのだと考えます。「尼将軍政子」をプロデュースしたのが義時だったと言い換えることもできるでしょう。

しかし、政子は傀儡《かいらい》なのかというと、それは違うと思います。彼女はやはり、しっかりした政治的見識、行動力を有する女傑だった。というのは明らかに政子が主導したとみられる事件が、一つあるのです。義時の死の同月に起こった「伊賀氏の乱」とよばれる政変未遂事件です。この乱は実は非常に解釈が面倒ですが、丁寧に見ていこうと思います。

義時はもともと比企朝宗《ともむね》の娘を妻にしていたのですが、比企の乱の後に彼女と離縁しています。その後に妻に迎えられたのが、有力御家人伊賀氏の娘、伊賀の方（生没年不詳）でした。彼女の兄は承久の乱のときに、最初に血祭りにあげられた伊賀光季です。承久の乱の後、次兄の伊賀光宗《みつむね》（一一七八～一二五七）が当主になります。事件のあらましを『吾妻鏡』で見てみましょう。

〈泰時が弟（政村）らを討ち滅ぼすため京都を出て（鎌倉に）下向したと、かねてからうわさがあり〉としたあとに、〈四郎（北条）政村の周辺は落ち着かず、伊賀式部丞光宗兄弟は政村主の外戚の家ということで執権の事を憤り、伊賀守（藤原）朝光の娘である義時の後室（伊賀氏）もまた、聟《むこ》の宰相中将（一条）実雅《さねまさ》卿を関東の将軍に立て子息の政村をその御後見として武家の成敗を光宗兄弟に任せようと密かに思い企てており、すでに賛同した者もあり、この時にあたり、人々の思いは分れていたという〉（六月二十八日）

つまり、北条泰時が義時の後を継いで執権になろうとしたところ、伊賀の方がわが子、北条政村を執権に据えようと考えた。さらに娘婿の一条実雅を将軍にしようとしたというのです。北条氏主導の幕府を伊賀氏主導の幕府にしようと目論んだというわけです。

これに対して、ことのあらましを聞いた泰時の反応も記されています。

〈泰時は事実ではあるまいと言って全く驚き騒がれなかった〉（同時）

この後も事件の進展が報告されるたびに、泰時は「政村はそういうことをする人間ではない」と繰り返します。

七月に入ると光宗兄弟が何度も三浦義村のもとを訪ねていることが、鎌倉中の話題になりました。あらゆる事件、陰謀に顔を出す三浦義村の登場です。ここでついに北条政子が動きます。なんと政子は女房一人を伴って密かに三浦義村のもとを訪ねたのです。恐縮して対面する義村を政子が叱りつけます。

〈「陸奥四郎（北条）政村と式部丞（伊賀）光宗らが頻《しき》りに義村のもとに出入りして密談する事があるとのうわさがある。これは何事か、理解し難い。あるいは泰時を滅ぼして意のままに事を行おうというのか（後略）」〉（同年七月十七日）

「知りません」と答える義村に対して政子は、

〈「政村を支えて世を乱す企てがあるのか否か、和平の計略を廻らすか否か、はっきりと申せ。」〉（同前）

と責め立てました。ついに義村は、「政村は全く逆心は無いでしょう。光宗らには考えていることがあります」とした上で、「自分が光宗に言って聞かせます」と答えました。翌日になると義村は泰時に面会して、自分が諫言して「（光宗は）とうとう帰伏しました」と騒動が収まったことを報告しています。

泰時体制の成立

私は果たしてこの陰謀は本当に存在したのか、という疑問を持っています。以下の三つの点で理解し難いのです。

まず一つ目は、将軍に据えようとした貴族で参議の一条実雅の「格」です。実雅の父は、源頼朝の妹を妻にした一条能保《よしやす》（一一四七〜九七）で、頼朝の威光を背景に権中納言にまで出世しています。

しかし、将軍になる予定の九条頼経は摂関家の出身ですから、天と地ほどの差があります。そもそも幕府は親王を将軍に迎えようとして断られたため、摂関家で我慢した経緯があるので、さらに格落ちの一条実雅を将軍にするのは、現実問題として考えにくいのです。次に処罰です。将軍職に就くとされた一条実雅は、越前に配流されて数年後に変死しています。伊賀の方は、伊豆の北条に追放されています。事件の起こった年の十二月に、
〈伊豆国北条の飛脚が（鎌倉に）到来した。右京兆（北条義時）の後室の禅尼（伊賀氏）が去る十二日以後、病気となり、昨日の巳の刻から危篤になったと申した〉（『吾妻鏡』元仁元年十二月二十四日）

との記述があり、殺された可能性もありますが、実際のところはわかりません。伊賀の方が義時に毒を盛ったという風聞もあったようで、藤原定家の日記『明月記』に二位法印《にいのほういん》尊長《そんちょう》（一条実雅の兄弟）の言葉が載っています。尊長は後鳥羽上皇の側近だったため、承久の乱のあと逃亡し、捕えられていたのです。彼は訊問されている際に「伊賀の方が北条義時を殺したあの毒を俺に盛って殺せ！」と叫んだといいます。伊賀の方が実際にそこまでやったのかは疑わしいですが、そういう噂が立つ状況ではあったのです。

重要な点は、伊賀の方は別にして、伊賀一族はみな許されていることです。伊賀光宗は、政子の死後、ほどなく幕府政治の中枢に復帰しています。

そして、最後に北条政村の処遇です。彼の場合は全くキャリアに傷がつかなかった。こ

の後も兄、泰時に忠実に仕えて幕府の要職を歴任し、執権にも就任しています。『吾妻鏡』をよく読むと、噂や第三者の証言は書かれているものの、ほかの事件のように当事者が行動を起こしたとは、一切書かれていません。さらに泰時も事件の進展が報告されるたびに、「事実ではあるまい」と語っています。

私は、この政変を政子主導による外戚排除運動であったと考えています。北条氏は陰謀と武力を使ってのし上がってきましたが、要所で「頼朝の妻、政子」というカードをつかってきました。しかし、義時の妻として伊賀の方が「第二の政子」となり、伊賀氏が北条家の外戚として、義時死後の政局に介入する可能性があると考えた。政子はその芽を未然に摘もうと考えたのでしょう。

その結果として、北条家の家督は、北条泰時が継ぐことが確定し、権力の座につくことになりました。

政子の死と神格化

泰時が幕府を動かすようになった直後の一二二五（嘉禄元）年、六月に大江広元が世を去ります。幕府の文官たちの取りまとめ役だった人物です。

そして、同年七月には、〝尼将軍〟北条政子が亡くなります。北条氏の子孫たちは政子の存在を顕彰し、神格化をおこないました。『吾妻鏡』では、その死がこのように書かれています。

〈丑《うし》の刻に二位家（政子）が死去された。御年は六十九歳。（中略）前漢の呂后《りょこう》と同様、天下の政務を執り行われた。あるいはまた神功皇后《じんぐうこうごう》の生まれ変わりとして、我が国の根本を護られたのであろうかという〉（嘉禄元年七月十一日）

漢帝国の創始者劉邦《りゅうほう》の妻である呂后や、神功皇后（仲哀《ちゅうあい》天皇の皇后で、亡き夫の代わりに政務を執ったとされる）などと並べ、政子を称えています。北条政権の立役者である義時の死の記述の簡素さと比べるとその差は歴然としています。

北条氏にとってゴッドマザー政子とは、頼朝と自らの一族をつなぐ重要な人物でした。政子がいるからこそ、北条氏による支配を正統化できた。だからこそ、政子を源氏三代の将軍と並べ顕彰したのです。

こうして幕府の草創期を支えた第一世代の大物が世を去ります。これによって世代交代が一気に進み、泰時が自分の理想とする政治を行いやすくなったと言っていいでしょう。

第三章　北条泰時――「先進」京都に学んだ式目制定

北条泰時の性格

北条義時の後を継ぎ、幕府のトップである執権となったのは長男の泰時でした（一二二四年）。泰時の母は、阿波局《あわのつぼね》（生没年不詳）と呼ばれる女性です（政子の妹とは同名の別人）。この人は義時の側室だったこと以外はよくわかっていません。興味深いのは、泰時は義時の長男ではありましたが、母の出自が低かったため、子供のころから後継者の扱いを受けていたわけではなかったことです。十歳下の弟、朝時は、母が比企氏の娘でしたから、血統的には後継者に相応しかった。その上、祖父の時政からも可愛がられていたようです。

その泰時がなぜ後継者となれたのか。その理由は三つあります。まず、和田合戦や承久の乱などにおいて最前線で戦い、武勲を立ててきたこと。そして、六波羅探題北方として京都に滞在中に朝廷の政治手法を間近で体験し、当代きっての文化人と交流したこと。最後に、トップとしての自覚があったことでしょう。

　ここでは、第三に挙げた北条型リーダーシップについて触れておきましょう。そもそも天皇や源頼朝をはじめとする源氏将軍などの権力は家柄に由来していました。それに対し、高貴な家柄ではない北条氏は実力（陰謀含む）で権力を手中に収めたのですが、じつは実力による支配は伝統ある世襲と違い不安定な面がある。北条時政の失脚劇を見ればわかる通り、人心は簡単に覆ってしまうのです。義時は謀略をめぐらす際にも、御家人の評判を意識し、大きな決断の際には、一旦、御家人や文官などの意見にも耳を傾けるリーダーでした。つまり、御家人たちの「世論」をうまく吸収することが、北条型リーダーシップの要諦なのです。泰時の場合は、さらに北条一族内での人心掌握の必要性が出てきました。

　泰時の性格の一端を表すエピソードが『吾妻鏡』には記されています。義時の死後、遺産分配の際のことです。泰時は後継者として、義時の遺産の配分を決め、書類にして政子に渡しました。それを見た政子は「あなたの分がほとんどありませんよ」と泰時に問いました。泰時は自分の取り分をわずかにとどめ、ほとんどを兄弟や親族に分けてしまっていた。政子の質問に対して泰時は、こう答えています。

〈「執権を承った身として所領などの事はどうして強いて競い望むことがありましょうか。ただ舎弟らに与えようと思います」。政子は頻りに御感涙を流されたという〉（貞応三年九月五日）

　これはすでに和田合戦などの恩賞としてたくさんの土地を得ていた泰時のパフォーマンスのような気もしますが、たくさんの分け前をもらった人々は、嫌な気分になるわけがありません。泰時としては、北条家の当主としての度量を示す必要があったのです。所領の配分、すなわち「バラマキ」は北条型リーダーシップの主要な武器の一つだといえるでしょう。

評定衆の創設

　泰時は北条氏のなかでも、最も優秀なリーダーだったといえます。安定した政治システムを作りだし、御《ご》成敗《せいばい》式目《しきもく》の制定（後に詳しく述べます）や、鎌倉と六浦津《むつらのつ》（現在の横浜市）を結ぶ朝夷奈《あさいな》（朝比奈《あさひな》）切通、和賀江島《わかえじま》の港など鎌倉の都市整備をおこないました。

　義時の死後、泰時が着手したのは新しい政治体制の構築でした。十一人の評定衆《ひょうじょうしゅう》と泰時、北条時房（泰時の叔父）の二人の執権による合議体制です。この体制は一二二五年の段階で、誕生していたようです。少し先の、一二三二年の記述になりますが、『吾妻鏡』には、評定衆のメンバー構成がわかる文章があるので紹介しましょう。

〈政道に私心のないことを表明するため、評定衆が連署した起請文を召された。その人々は十一人である〉として、以下の名前を列挙しています。

中原師員《なかはらのもろかず》、三浦義村、二階堂行村《ゆきむら》、中条家長《ちゅうじょういえなが》、町野《まちの》（三善）康俊《やすとし》、二階堂行盛《ゆきもり》、後藤基《もと》綱《つな》、三善倫重《ともしげ》、三善康連《やすつら》、佐藤（藤原）業時《なりとき》、斎藤（藤原）長定《ながさだ》

二代将軍の源頼家のときに十三人の合議制が敷かれましたが、同じ合議制でも、泰時の作った評定衆はまったく性格の異なる組織でした。まずメンバーが違います。頼家時代の十三人衆が有力御家人が主だったのに対し、泰時の評定衆では、一家言ありそうな大物御家人は三浦義村くらいで、中原、三善、二階堂、藤原と京都から来た文官とその子孫が主体となっています。このなかの後藤基綱（一一八一～一二五六）は、承久の乱で軍奉行をつとめ、後鳥羽に随った父の基清を処刑した人物です。歌人としても知られ、文官的な側面もある御家人でした。

組織の在り方も大きく変容していました。

『吾妻鏡』では、有力御家人の結城朝光が、評定衆のときの感想が残されています。朝光曰く、

〈「考えが浅く迷いがちで、理非の判断もつかないので、意見を提出しようにもどうすることもできません。」（中略）「初めて参じた日、すぐに辞すべきでしたが、名誉を子孫に残そうと無理に評定衆の称号を受けて一二ヵ月が過ぎてしまいました（後略）」〉（文暦二年閏六月三日）

つまり、泰時時代の評定衆は、かつての十三人衆のように大物御家人のパワーバランスの調整の場ではなく、実務に明るい文官系メンバーによる政務執行機関だったのです。仕事の内容も細かな土地の売り買いに関するものや、のちに詳しく見ますが、法律の制定など専門性が重視されるものになっています。

結城朝光は、有力御家人小山氏の出身で、木曾義仲や平家との戦いにも参加した老将でした。頼朝の大のお気に入りで、梶原景時失脚事件の際、時政の意を受けて動いていました。評定衆に加わった時は六十八歳でしたから、いわば名誉会員的な位置づけだったのでしょうが、評定衆がまさかこのような実際的な政務を行う役職だとは思っていなかった。このあと朝光は、とてもついていけないと、何度も泰時に頼み込んでようやく辞職を認め

てもらっています。

「執権」の時代

「執権」というポジションが制度として確立したのも泰時の時です。評定衆を招集し、主導する役職が「執権」と呼ばれ、将軍に代わる事実上の幕府政治のトップとなりました。『吾妻鏡』では、時政を「執権」と直接呼んではおらず、義時を初代、泰時を二代目として扱っています。評定衆システムとセットになった本当の意味での執権は、泰時が初代と考えてもいいでしょう。泰時が慎重なところは、当初、執権を自分一人にせず、目上の叔父時房を京都から呼び寄せて二人の体制としたことです。

　泰時は常に時房を上位として扱い、儀式などで上座になるように配慮しています。『吾妻鏡』にも、泰時より前に時房の名前が記されています。

〈相州（北条時房）・武州（北条泰時）が是非を決断する職として、さらにこの起請文に署名と花押を加えられたという〉（貞永元年七月十日）

　しかし、この体制を主導しているのは泰時であることは誰の目にも明らかでした。時房が、泰時のサインのすぐ後ろに自らのサインを並べて記したことで、二人目の執権を「連署」と呼ぶようになりました。これは、泰時の独裁色を薄めることに役立ったのかもしれません。

泰時の時代の政務は、議案をこの評定衆の会議に諮《はか》り決定するのですが、将軍の九条頼経はこの会議の埒外《らちがい》にありました。頼朝以降の頼家・実朝時代には将軍は棚上げされていました。形式上すべて将軍が決裁している形をとりましたが、義時も泰時も将軍を、政治にタッチさせない「君臨すれども統治せず」の形としたのです。

ただし、泰時は、「わが北条家は将軍の補佐役に過ぎない」というスタンスを崩すことはありませんでした。鎌倉末期に記された幕府の訴訟手引き「沙汰未練書《さたみれんしょ》」に、「執権とは、政務の御代官なり」と書かれているように、あくまでも「御代官」、つまり将軍の代わりに政治を行っているというのが建前だったのです。

明恵との出会い

血みどろの中をはいずり回って権力を手中にしてきた北条氏の中から、なぜ泰時のような〝できる政治家〟が生まれたのか、その秘密は「京都」にあると考えられます。

泰時は、承久の乱後も京都にとどまり朝廷との交渉や御所の警護、西国の監視などを役割とする六波羅探題の北方を務めました。その頃に泰時は、明恵《みようえ》（一一七三～一二三二）と運命的な出会いをしているのです。

明恵は『鳥獣戯画《ちようじゆうぎが》』で知られる栂尾山高山寺《とがのおさんこうさんじ》に住《じゆう》し、華厳宗《けごんしゆう》の中興の祖ともよばれました。華厳宗は仏教の中でも非常に厳しく戒律を守る宗派として知られ、明恵は修行に専念するために、自らの片方の耳を切り落としたと伝えられています。京都の中心部ではなく嵯峨よりさらに北に、高山寺を開き、僧侶の出世などとは無縁の生活を営んでいました。そのために、仏教の教えを自分の理解とは違った形で広めていると考えた存在には容赦ない批判を浴びせました。中でも浄土宗の法然《ほうねん》（一一三三～一二一二）のことを、『摧邪輪《ざいじやりん》』を記して厳しく攻撃したことで知られていました。

泰時と明恵の出会いは次のようなものだったとされています。

承久の乱で、京都に入った幕府軍は、上皇方の残党狩りを行います。すると開山してまだ間もない高山寺に逃げ込んだ者がいたという情報が入り、幕府軍は寺の責任者である明恵を、六波羅に連行しました。

取り調べに対して明恵は、「高山寺のある場所は殺生をしてはならぬ土地。ここに入ったからには、彼らを私が守ります。それが気に入らないのであれば、どうぞ、私の首をはねてください」と答えたといいます。

　その毅然とした信仰姿勢に感銘を受けた泰時は、時間を見つけては明恵に面会して教えを乞うようになりました。

　泰時と明恵の交流については、和歌としても『明恵上人歌集』に残されています。


　思ひやる心は常にかよふとも　知らずや君がことつてもなき（泰時）

――心は通っているでしょうが、お手紙の返事がありません。何か自分に返事を下さい、と泰時が送ると、

　人知れず思ふ心のかよふこそ　いふにまされるしるべなるらめ（明恵）

――返事はしなくとも心は通っていますよ、と明恵が答えています。

　泰時が具体的にどのような教えを受けたのかは、まだまだ研究の余地があります。『栂《とが》尾《のお》明恵上人伝記』と呼ばれる書物には、泰時が「不肖蒙昧《ふしょうもうまい》の身たりながら、辞する理なく、

政を務して天下を治めたる事は、一筋に明恵上人の御恩なり」と語ったと記した上で、いかに明恵のアドバイスで幕府の政治が上手くいったのかを紹介しています。たとえば、先に述べた義時の遺産配分に関しても、明恵の教えがあったとしています。

しかし、この書は後世に書かれた部分も混ざっているようで、史料としてはそのまま使うことが難しい。

そこで、泰時と明恵の和歌のやり取りが残されているエピソードを紹介しましょう。ある時、泰時は高山寺に荘園を寄付しようと申し出ました。明恵はそれを断ったとされています。その断りの歌です。

　同人（泰時）「時料《じりょう》をたてまつらむ」と申さるるを辞退あて云《いう》
契《ちぎ》りあらば生々世々《しょうじょうせぜ》もむまれあはむ　紙継《かみつ》ぐやうに続飯《そくい》にはよらじ（明恵）

――縁があるならば、生まれかわり、死にかわってもお会いすることでしょう。それは紙をつなぐ糊のように荘園の寄進の縁によってではありません、と明恵は伝えています。続飯とはご飯を練って作る糊のことです。この言葉を使い泰時は、なおも食い下がりました。

きよければきじくはじとは思ふべし　紙継ぐ続飯なにいとふらむ（泰時）

——清い心の持主ですから、着ずとも食べずとも好いと思っておられるのでしょう。しかし、紙を繋ぐ続飯をそこまで嫌がらなくてもよいではないですか、と泰時は問います。さらに明恵は返します。

紙を継ぐ続飯もなにかほしからむ　きよき心は空にこそ住め（明恵）

——続飯のような少しの時料もなぜ欲しいと思いましょうか。我が心は空のような世界に住んでいるのですから。

明恵がさらに深い次元から返答していることがわかります。

そもそも京都入りした時は、上皇の降伏文書すらまともに読めなかった関東武士が、京都の一流の学僧と堂々と対話をし、文をやりとりするようになった。逆にこのことから、泰時自身は承久の乱の際の後鳥羽上皇の院宣を読めたのでは、と疑っています。それにしても明恵との邂逅は鎌倉にいては望めない高度な「教育」だったといえるでしょう。その意味で、京都体験が北条泰時を懐の深い政治家へ大きく進化させたことは間違いないと私は考えています。

朝廷の「徳政」

さらに泰時は、六波羅探題で朝廷を相手にする中で、朝廷の「徳政」を肌で感じることになります。徳政というと、借金棒引きのイメージがありますが、ここでは「徳」のある政治という意味です。

朝廷における「徳政」とはどのようなものでしょうか。朝廷は一二二一年に承久の乱に敗れ後鳥羽上皇の院政が終わり、後高倉上皇（後鳥羽上皇の兄）による院政が始まりました。後高倉上皇は、院政を始めて二年後に亡くなりました。その後、急速に力をつけていったのが、摂関家出身の九条道家《みちいえ》（一一九三〜一二五二）です。軍事力を失い、三人の上皇が流刑にされ、朝廷は支配の根幹が揺らぐ事態となりました。このままでは、朝廷の力が落ちる一方だと考えた道家は、人々の支持を得るための方法を考えます。それは、人々に朝廷の力を開放し、「サービス」をすることでした。

朝廷の持っている最大の力の一つである、文書処理能力や法の知識を生かし雑訴の興行、つまり一般の土地のトラブルを朝廷の裁判によって解決しようとした。そもそも、天皇は「徳」によってこの国を統治してきました。しかし、長きにわたる支配によって、その「徳」が失われてきた。この大改革は、「徳」による統治の復活を意味したのです。それを主導したのが九条道家でした。

　道家は幕府との関係が深く、四代将軍の九条頼経はこの人の子です。子の将軍就任（一二二六年）の後、自らも関白に就任しています（一二二八年）。さらに道家は娘を後堀河天皇に嫁がせ、彼女がのちの四条天皇を生んだことで、外戚としての力を得ることができました。朝廷と幕府、双方に影響力を持つ大物貴族の誕生です。

　道家はまず、荘園関係の書類を蓄積・保管していた記録所を政務機関として整備しました。実務に精通した下級官人を集め、諮問機関、シンクタンクのような役割を担わせたのです。さらに菅原為長《すがわらのためなが》、平経高《つねたか》ら有能な中級貴族が集められ、道家に政策の提言を行うことになります。彼らは日を定めて集まり、合議を経た上で朝廷の諸問題の解決策を考えて実行していったのです。

　その後、一二三三（天福元）年、道家は、次のような表明を行っています。

「私は有徳の政治、すなわち徳政を推進する。徳政とは何かというと、官人の任官・昇進を能力を重視して行い、その官人組織をもって世の人々の様々な訴えに対応することである。徳政の実施こそが、乱れた世を糺《ただ》す方途である」

道家によって、朝廷は自己改革を成し遂げることに成功します。有能な官人を登用し、道理に基づく公正な裁定を目指すようになったのです。

道家の考えはこの一言で表すことができます。

「人怨《うら》まば、神怒り、神怒れば即ち災害必ず生ず。人喜べば即ち神喜び、神喜べば即ち禍乱おこらず、第一の善政たるべし」

つまり、人が怨む→神が怒る→最後には天災が起こると考えたのです。災害による飢餓(寛喜の大飢饉、後述)から生まれた疫病の蔓延に直面した道家にとっての善政とは、「人の怨み」を無くすためのものになっていくのです。

では、朝廷の裁定はどのように行うのでしょうか。それは、奈良時代以来の「律令」が大本になります。貴族の基礎学問の一つは明法道として、律令を頭の中に入れておくことでした。ところがこうした法は貴族同士の裁判でのみ使われ、貴族と寺社、貴族と武士の揉め事には、次第に使われなくなります。理由は簡単で、朝廷は承久の乱で武装解除してしまったので、自分たちの定めたルールを相手に押し付けるだけの強制力がなくなっていたのです。法治主義は暴力で担保されていないと成り立たないという好例です。

そこで、朝廷は「道理」で裁判を行うことになります。社会の常識にかなった道理を判断の基準に使うわけで、この当時の朝廷としては最善の方法だったといえます。

「徳政」を間近でみた泰時の視線には、確実に民を統治する「撫民《ぶみん》」が入ってきたと考えられます。それを端的に表しているのは、東国に戻った後の一二三〇（寛喜二）年から翌年にかけて起こった寛喜の大飢饉でした。泰時は飢えて苦しむ庶民に米を配ったのです。

〈今年、世の中は飢饉で百姓が多く餓死しそうであった。そこで武州（北条泰時）は、伊豆・駿河の両国に出挙《すいこ》米《まい》を施してその飢えを救うよう、蔵の者に命じられた〉（『吾妻鏡』寛喜三年三月十九日）

これこそ、泰時の京都における「学び」の成果ではなかったでしょうか。

武士の歴史を変えた御成敗式目

さて、話を北条泰時の執権就任直後に戻しましょう。泰時は幕府による本格的な政治を開始しようと考えていました。裏を返せば、これまでは、まともな政治は行われていなかったのです。

この時代、幕府の最大の仕事は土地の安堵であり、不動産トラブルの調停でした。東国の御家人だけを相手にしているのであれば、お互いの事情も理解したうえで、さまざまなトラブルの裁定を下すこともできました。ところが、承久の乱に勝利したことで、西日本に勢力が広がりました。当然ながら荘園の持主の貴族や寺社、地元の武士といった御家人以外の人々との摩擦が起こり、裁判も増えてきます。

泰時は、西国での土地をめぐるトラブルで、東国武士の間の暗黙のルールが通じないことに、頭を悩ませていました。その時、解決には二つの選択肢があります。

①武力で脅し黙らせる。②ルールを説明し従わせる。

①ですと、どうしても武力というコストがかかります。しかも遠く離れた西国でいちいち武力を発動するのは負担も大きい。そこで②の誰もがわかる形でルールを明確化しようとしたのです。そう考えたこと自体が、これまでの武力闘争に明け暮れた北条一族の大きな成長を表しています。

そこで一二三二（貞永元）年、泰時によって制定されたのが御成敗式目（貞永式目）だったのです。

この式目の本質については、中世法の専門家である笠松宏至氏の明快な解説が参考になります。この時代の「道理」はいくらでもあるもので、結局はその道理と道理がぶつかって揉め事が起こります。そこで、泰時は制定の時点で最も幕府に都合がいいものを選び、公式の道理にしました。それが御成敗式目というわけです。道理といえば、みんなが納得した共通の落としどころと考えてしまいますが、それは大ウソで、結局は、最高権力者の泰時が自分の統治をスムーズにするために「道理」を定め、全国の共通のルールにしたのです。

「とにかく法を作ってみた」

それでは式目成立の過程を『吾妻鏡』によって見ていきましょう。

〈武州（北条泰時）が政治に専心されるあまり、御成敗式条（の制定）を計画され、このところ内々に審議が行われており、今日まさにこれを始められたという。全て玄蕃允《げんばのじょう》（太田）康連《やすつら》に相談されたところであり、法橋円全《ほっきょうえんぜん》が執筆した。これは、関東の諸人の訴訟について以前に定められた法が少ないので、時によって判断が両様となり裁決が一致しなかった。このためその法を確定し、濫《みだ》りな訴訟の原因を無くすためである〉（貞永元年五月

十四日）

評定衆の一人で三善家出身の太田康連が深くかかわったことがわかります。円全は、明法道、陰陽道などに明るい僧で、幕府からしかるべき祭事などの文案づくりを命じられることが多い人物です。今でいえば、政治家のスピーチライターのような役割だったのでしょう。作業開始から三カ月の後、式目は完成しました。

〈武州（北条泰時）が作られていた御成敗式目の編纂が終わった。五十ヵ条である。今日から後、訴訟の是非については固くこの法を守り裁許されると定められたという。これはまさに淡海公（藤原不比等《ふひと》）の律令に比すべきものであろう。律令は国内の規範であり、式目は関東の大いなる宝である〉（同年八月十日）

現在伝わっている式目は五十一カ条なので、『吾妻鏡』の書き間違いなのか、どこかで一カ条が新たに加わったのかは、現在も議論が分かれるところです。いずれにしても、大《たい》宝《ほう》律令に匹敵する、そして「大いなる宝」と幕府が自画自賛する関東独自の法律が生まれたのです。

御成敗式目の制定にあたって泰時が何を考えていたのかがわかる手紙が残されています。六波羅探題だった弟の極楽寺重時に宛てた「北条泰時消息《しょうそく》」です。その中で、御成敗式目を作った理由を明かしています。

〈法令の文につきて、その沙汰《さた》あるべきにて候《そうろう》に、ゐ中にはその道をうかがい知りたるもの、千人万人が中にひとりだにもありがたく候〉

律令を元にした公家の法律はほとんどの人が理解していないからこそ、自分たちのルールを作ったとしています。

〈京辺《きょうへん》（京都）には定めて物をも知らぬ夷戎《えびす》どもが書きあつめたることよなと、わらはるる方も候はんずらんと、憚《はばか》り覚え候へば、傍痛《かたはらいた》き次第にて候へども、かねて定められ候はねば、人に、したがふことの出来ぬべく候故《ゆえ》に、かく沙汰候也〉

　この時代、朝廷には律令がありますので、それに基づいた裁判が行われていました。しかし、律令は既に御家人たちにとって、目の前の課題を解決する役割を果たすものではなくなっていました。「自分たちの法を定めないと武士が何を拠り所にしていいかわからない。京の人々に笑われてもいいから、とにかく法を作ってみた」と泰時は謙虚に述べています。

　興味深いのは、現在残っている裁判記録を見ると、御家人対その他の人々（貴族、寺社、非御家人など）の裁判では、御家人側がよく負けているのです。ただし、裁判に勝ったからといって、原状復帰が行われるわけではありません。あくまでも、当事者に「裁判でこういう判決が出ました。従ってください」といえるだけです。幕府がいちいち兵を出して、「裁定のとおりにしなさい」などと強制執行までは行いませんでした。

この式目は後世にも大きな影響を与えました。室町幕府も建武式目を制定した際に多くの部分で御成敗式目を踏襲していますし、戦国大名が作った分国法（今川氏の「今川仮名《かな》目録」、武田氏の「甲州法度之《こうしゅうはっとの》次第《しだい》」など）にも大きな影響を与えています。いずれにしても、武士が自前の論理による法をつくりあげたことは、大きな画期を為す出来事だったといえるでしょう。

式目の注目すべき条文

ここからは、式目の条文をいくつか解説したいと思います。繰り返し述べたように、鎌倉政権は、武士の財産を保障する目的で生まれました。そのため相続に関する条文が非常に多い。中でも、現在と大きく違うものが「悔返権《くいがえしけん》」という考え方です。二十条を見てみましょう。

一、譲状《ゆずりじょう》を得るの後、その子父母に先んじ死去せし跡の事
右、その子見存《げんぞん》せしむと雖《いえど》も、悔《く》い還《かえ》さしむるに至つては何の妨げ有《あ》らんや（後略）

これは、家長である親に、財産を相続させる相手を自由に変更する権利があるというものです。

ある御家人が息子に財産を譲ったとします。ところが、その後に後妻を迎えて、子供が生まれた。その時に、親が「お前に譲った財産を返してくれ。今度生まれた子供にあげることにしたから」と命令する権利を保障したものです。今の我々の常識や法律から考えると理不尽ですが、この時代は親や家長の権利が圧倒的に強かったのです。

興味深いのは、十八条で女性への財産分与も積極的に認めている点です。娘に譲ると結婚して、他家に財産が渡ってしまう、だから娘にはあげないという親がいるが、これはもってのほかである。それこそ親子不和の原因になる、と厳しく禁じています。ただし、悔返しは可能であるともしています。

この十八条があることで、鎌倉の武家社会の女性の立場は後世に比べて強かったと考え

ることができます。財産があるので、仮に夫と離婚しても自活することができたからです。

次のような条文もあります。七条で、頼朝、頼家、実朝、政子の四代の間に決めた土地の権利は動かないとしています。朝廷でも同様の考えはあって、「〇〇天皇がお決めになったことは、動かしません」とルール化するのは珍しいことではありません。

一、右大将家以後代々の将軍ならびに二位殿、御時宛て給はれし所領等、本主の訴訟により改補せらるるや否やの事

右大将とは源頼朝のことで、代々の将軍と二位殿こと北条政子が同列に並べられています。この条によって、「北条政子は事実上四代将軍だ」という説も唱えられていますが、私は少し違う考えをもっています。源氏三代の将軍に加え、なぜ政子が入っているのかといえば、それは政子が北条氏の人間だからでしょう。政子を介することで、北条氏の権力の正統性を示そうとしたのだと考えます。

最後にもう一つ面白い条文を紹介しましょう。これは、八条ですが、二十年間土地を占有したものは、いくら元の所有者が訴えて来ても返す必要がない。当知行、つまり実効支

配をしていることが最も強いのです。だからどんな証拠が出てきても、二十年過ぎたら返還は認めませんよとなっている。

　これを読んで、あれっと思う人も多いのではないでしょうか。現在の日本の民法第百六十二条の一項にこうあります。

「二十年間、所有の意思をもって、平穏に、かつ、公然と他人の物を占有した者は、その所有権を取得する」

　御成敗式目の採用した道理が、現在にも生きていると感じる条文です。

六波羅探題の強化

　くり返し式目に書かれているのは、「武士は武士の本分を忘れるな」、そして、「荘園をきちんと守れ」ということです。「武士は荘園の税をきちんと京都に送りましょうね」といっている。そこには荘園制を乗り越えて、新しい土地制度を生み出すような発想はみられません。

　また、この頃、課題となっていた守護・地頭の統制も式目に盛りこまれています。次第に大犯三箇条の権限を越えて我が物顔に振る舞う者が増えてきたのです。

〈「まず諸国の守護人は、大犯三ヵ条を除いて権限を越えた処置をしてはならない。（中略）『同じく諸国の守護・地頭は、領家の訴訟があった時に六波羅の呼び出しに応じないとの風聞があるから、二度までは（その守護・地頭に）伝えるように。三度目になったら、関東に注進せよ。』と以前に命じられたところ、大目に見て見逃し、（関東に）注進しないのであろうか。今後は包み隠すことなく言上するよう、再び（六波羅に）命じられる（後略）」〉（『吾妻鏡』寛喜三年五月十三日）

つまり、西国統治の実をあげるために、六波羅による統制強化をはかったのです。

全国に広まった式目

法律は作っただけでは意味がありません。この式目はどのように実地で運用されていたのでしょうか。これは、史料的には裏付けがないのですが、幕府が使者を飛ばして全国の御家人たちに伝えていったとも考えられます。

泰時は〈関東御家人・守護所・地頭にはあまねく披露して、この意を得させられ候べし。且《かつ》は書き写して、守護所・地頭には面々にくばりて……〉（「北条泰時消息」）と、式目を書き写して守護・地頭に配るように命じています。情報伝達手段が乏しい時代にもかかわらず、日本全国の御家人がこの五十一の条文を知っていたと考えられています。

式目の制定から時代が下ると、最初の五十一条ではカバーできない事態も発生するようになります。そこで幕府は追加法を作っていきました。先に紹介した「北条泰時消息」でも、泰時は〈これにもれたる事候《ことそうら》はば、追うて記し加へらるべきにて候〉としていました。これは、式目が単なる形式だけの「お飾り」ではなく実地で使われていたことを表しています。

ところが、この追加法には大問題がありました。法の変更が周知されなかったり、幕府の中でも条文や判例が保管されていなかったりしたのです。そのため数年すると、一体いつどのような法が出されたのか誰もわからなくなってしまう。

そうなると何が起きるのか。これまた笠松宏至氏が明らかにしたところによると、裁判の際に、「こういう条文が追加されています」と一方が主張したときに、議論が起こるのです。「この条文はお前が勝手に作ったんじゃないだろうな」「いえ、幕府が定めたものです」などという、裁判以前のやり取りを何度も繰り返しています。

なぜ訴えた側が、幕府の役人も知らないような条文を持ち出してこられるかといえば、雑掌《ざっしょう》と呼ばれる専門家がいたからです。彼らは「雑＝もろもろ」をつかさどっていて、大事な仕事の一つが法廷弁護人でした。いわば裁判のプロなので、人脈をたどっていろんな判例や法律を見つけ出してきては、自分の雇い主が有利になるように頑張るのです。

現代になって、追加法も含めて、その時点で発見された式目が活字になりました。それが、佐藤進一、池内義資ほか編『中世法制史料集』です。笠松氏はその著『徳政令』のなかで、「中世人よりも現代人の方が中世法に詳しい」と書いていますが、その通りだと思います。

裁判は今とは比べ物にならないほど時間がかかるのが常でした。『十六夜《いざよい》日記』の著者、阿《あ》仏尼《ぶつに》（一二二二?～八三）は、夫の藤原為家《ためいえ》（藤原定家の長男で『続古今和歌集』の選者、一一九八～一二七五）の遺言に従って「悔返し」を実行しようとしました。しかし、京都の裁判ではらちが明かず、高齢を押してわざわざ鎌倉までやってきて、幕府に訴え出ます。その旅程を記したものが、今に伝わる日記文学『十六夜日記』だったのです。鎌倉でも裁判は何年もかかりますので、阿仏尼は鎌倉に滞在しましたが、判決を見ることなく客死しています（裁判は勝ちました）。

幕府を頼る朝廷

では、なぜ阿仏尼は鎌倉に向かったのでしょうか。そこに朝廷の裁判と幕府の裁判の大きな違いがあります。朝廷では、確かに道理をもとに裁定は行うのですが、裁定の結果を受け入れない輩《やから》が続出していました。この時代に揉め事を起こすのは、単なる土地所有者ではありません。その一つが宗門《しゅうもん》、つまり延暦寺や興福寺、石清水八幡宮《いわしみずはちまんぐう》などの強大な宗教団体でした。彼らは僧兵や神人《じにん》などの強大な武力を所持しています。これまでも自分たちが気に食わない裁定が下る可能性があるとみるや「強訴《ごうそ》」を行って、全てをひっくり返そうと試みていました。かつての朝廷ならば北面の武士などの軍事力で寺社の乱暴をある程度抑止することもできたかもしれませんが、承久の乱の後は対抗するすべもなかったのです。

一二三五（嘉禎元）年に起こった事件を例に取りましょう。南山城《みなみやましろ》の石清水八幡宮領薪庄《たきぎのしょう》と興福寺領の大住庄《おおすみのしょう》は、長い間抗争を繰り返していました。この時は神社vs寺院の用水をめぐる争いでした。石清水社側の住民が、興福寺側の住民を殺害。これに怒った興福寺は、石清水の神人を殺してしまいます。

そして、石清水社は神輿を担ぎだし強訴を開始しました。にっちもさっちもいかなくなった九条道家は、石清水社の要求を受け入れます。事はそれで終わりませんでした。小競り合いが続いた十二月に、興福寺は石清水の別当の解任を求め、宇治の平等院に進出し、朝廷を威嚇《いかく》します。この間、朝廷の最高実力者だった九条道家は幾度も調停案を提示するのですが、ことごとく無視され、最終的に石清水社の別当の解任などの要求を丸のみして騒動をしずめるほかありませんでした。

しかし、翌年七月、再び南都《なんと》の衆徒たちが興福寺に集まり、「朝廷の裁定が履行されていない。すぐに石清水社の別当を解任しろ」と強訴に打って出たのです。事態は悪化の一途をたどり、大和一国が大混乱に陥ります。

ここで四代将軍の父でもある道家はついに最後のカードを切ります。それが幕府への出兵の要請でした。これまでも道家は逐一、幕府に事態を報告していましたが、もはや幕府の軍事力を頼るしかない状況に追い込まれたのです。

〈六波羅の飛脚が（鎌倉に）到着して申した。「先月中頃から南都（の衆徒）が蜂起し、城郭を構えて合戦を企てています。六波羅が使者を遣わして宥《なだ》めていますが、ますます（勢いを）増しています」〉（『吾妻鏡』嘉禎二年十月二日）

大和を包囲する幕府軍

これを受けて泰時は軍事作戦を決断します。評議を行って大和に守護を置くこと（それまで大和には守護がいなかったことがわかります）、宗徒の荘園を没収して地頭を置くことを決めます。つまり、興福寺領に御家人を派遣し、軍事占領して、荘園からの収入を押さえようとしたのです。さらに畿内の御家人を動員して道を封鎖し、大和への人の出入りを止めることにしました。

〈印東《いんどう》八郎、佐原《さはら》七郎（光兼《みつかね》）以下、特に武勇にすぐれ力のある人々を選んで派遣された。「衆徒がもしそれでも敵対するならば、決して赦すことなく全て討ち滅ぼすように。」という。またそれぞれ死を覚悟するよう、関東の武士には直接よくよく命じられ、京畿（の武士）については、その旨を六波羅に命じられた〉（同前、十月五日）

大和は物流も税の徴収も止められ、孤立した興福寺は屈服します。

〈南都（の衆徒）は先月十七日夜に城郭を破却し退散した。これは所領に地頭が補任され、関を塞がれたので、兵糧の手立てを失い、人数を集めることができないためという〉（同前、十一月一日）

実は十月二十八日に興福寺は次のような決議をしていました。

「訴訟の懇切《こんせつ》を表さんがために寺社閉門の沙汰に及ぶといえども、今においては理訴をもって先となし、問答をもって詮《せん》となすべきの間、寺門すでに開門の沙汰に及びおわんぬ」

幕府の武力介入によって、それまでの強訴を取りやめ、朝廷の道理による裁きに耳を傾けることを宣言したのです。

ちなみに、承久の乱以降に置かれた守護と地頭は騒動後すぐに停止されて、荘園は興福寺に返還されています。

さて、この騒動からわかることは何でしょうか。朝廷の徳政は確かに画期的なものでしたが、最終的にその裁きを担保することはできませんでした。寺社のように強大な武力を持つ相手に対抗するためには、幕府の軍事力に頼らざるを得なかったのです。九条道家が朝廷で力をふるえたのも、幕府との太いパイプがあったことが大きい。朝廷の「徳政」が幕府の「武」に依存するという構造になっていたのです。

『十六夜日記』の阿仏尼がわざわざ鎌倉までやってきたのは、幕府の「決定力」に期待したからでしょう。先にも述べたように、当時の裁判は強制執行までは行いませんでしたが、双方の道理を比較する朝廷の裁判と、式目という幕府のパワーに裏打ちされた法による鎌倉の裁判とでは重みが違ったのです。

語り残した「教訓」

泰時の考えを端的に表すエピソードがあります。信濃の御家人の海野《うんの》幸氏《ゆきうじ》（生没年不詳）と安芸の守護武田《たけだ》信光《のぶみつ》が、領地の境を巡って争いになりました。御成敗式目に照らし合わせ、海野側に理があるとの裁定がでました。武田側がそれに納得せず、一族や仲間と語らって泰時に訴えようとしているとの噂が流れたのです。幕府は再度審議をしましたが、覆ることはありませんでした。

その際に泰時は次のように語りました。

〈「人の恨みを気にしてその理非を明らかにしないようなら、政道の真の意味はない。逆心を恐れて処置しなければ、きっとまた私心の謗《そし》りを招くであろう。去る建暦年中、和田左衛門尉義盛が謀反を企てた時、『囚人の平太（和田）胤長を赦されますように。』と言って、一族が列参したが許されなかった。結局、胤長を面縛《めんばく》されたまま彼らの目の前を渡して人に預けられたところ、義盛は後日に蜂起したが、その場では決して胤長の身柄を抑えることはできなかった。私心の無いことの先例はこの通りである。今後の指針とすべき事である」〉（『吾妻鏡』仁治二年三月二十五日）

有力な御家人だった和田一族を滅ぼした和田合戦を例に挙げて、幕府の決定がすべてであること、その軸は式目であることを改めて明らかにしたのです。

泰時とは何だったのか

ここで改めて北条泰時のリーダーシップについて整理しましょう。

まず何といっても東国に盤石《ばんじゃく》の体制を築いた功労者であること、法や徳による統治を幕府に導入した功績は計り知れません。泰時の時代には、幕府を揺るがすような大きな挑戦者は現れませんでした。

そこで注目すべきは彼の〝学習能力〟です。「京都」に長期滞在したことで、朝廷の政治手法を学び、さらには当代きっての学僧、明恵とも交流を重ねました。私は、泰時を「北条氏初の京都留学生」と呼んでいます。

また、泰時はシステムやルールを作る能力に長けていました。評定衆の制定や、執権、連署制度の確立などの統治システムと、御成敗式目などのルールを次々と生み出していったのです。むき出しの暴力による支配はコストがかかりすぎ、結果、誰の利益にもならないという冷静な視線があったのでしょう。

つまり泰時こそ、関東武士で初めて本格的に政治というものを行った人物といえるのです。

後継者問題

このように泰時の幕政は安定したものでしたが、後継者に関しては問題がありました。

泰時には時氏《ときうじ》と時実《ときざね》という男子がいました。時氏の母は矢部禅尼《やべのぜんに》（三浦義村の娘）で、時実の母は安保《あぼ》氏の娘です。

このうち次男の時実は、理由は不明なのですが、一二二七（嘉禄三）年に家人《けにん》の高橋二郎に殺害されてしまいます。

長男の時氏は、泰時と鎌倉に戻った後に京都に上り、六波羅探題として活動しています。泰時は自分が学んだ京都で息子にも「帝王学」を会得して欲しかったのでしょう。時氏は承久の乱の際にも宇治川の戦いで活躍していましたから、武士としての実績も十分な後継者でした。ところが期待の後継者である時氏を病が襲いました。一二三〇（寛喜二）年に二十八歳の若さで亡くなったのです。

泰時は亡き時氏の子である経時《つねとき》（一二二四〜四六）と時頼《ときより》（一二二七〜六三）を可愛がります。特に経時を後継者として育てることにしました。二人の子の母は、賢夫人として知られる松下禅尼《まつしたぜんに》（生没年不詳）。安達景盛の娘です。この時代の北条氏は、三浦氏と安達氏の娘を交互に嫁に取り、両氏と特別な関係を構築していました。

一二四一（仁治二）年には、事実上の得宗家の後継者指名が行われています。このころ、泰時は体調を崩していたようで、しばしば床に臥《ふ》せっていました。そこに出席したメンバーは、時氏の長男の北条経時、北条実時《さねとき》（義時の孫）、三浦泰村《やすむら》（義村の子）、後藤基綱、二階堂行泰《ゆきやす》、太田康連らとされています。

〈亭主（北条泰時）が親衛（経時）を諫めて言った。「学問を好み、武家の政道を助けるように。また実時とよく相談されるように。全て両人は互いに水魚の交わりをされるように」。そこで互いに酒をすすめた。今夜の御会合はこの事がもっとも重要であったという〉

（『吾妻鏡』仁治二年十一月二十五日）

この時、経時も実時も同じ十八歳でした。実時は金沢流北条氏の出身で、泰時は北条得宗家を支える一門として特に目をかけていました。その期待に応え、実時はのちに評定衆に就任するなど、歴代の執権、得宗を支え活躍します。文化人としてもすぐれた才能を発揮しています。

天皇の即位に介入

もうひとつ、泰時の最晩年には大きな事件がありました。それは天皇の人事にかかわることでした。『吾妻鏡』でもこの事件の詳細を記した部分が欠けている（もしくはそもそも書かれなかった）ためによくわからない点があります。

幕府とのパイプをフル活用することで、朝廷を意のままに動かしていた太閤（前の関白）九条道家ですが、その一方で、後鳥羽上皇を大変尊敬し、幕府に対して配流先の隠岐からの帰京を訴えるなどの復権運動を続けていました。当時の貴族社会にとって後鳥羽上皇たちの帰京はまさに悲願だったのです。

泰時は道家の願いを拒否し、後鳥羽上皇やその子供である二人の上皇の帰京も認めませんでした。後鳥羽上皇の復権は、朝廷の力を認めることになり、承久の乱によって生まれた新しい秩序をひっくり返してしまう可能性があるからです。泰時は、道家を危険視するようになります。後鳥羽上皇は一二三九年に配所で崩御しました。

そんな状況のなか、一二四二（仁治三）年、四条天皇が亡くなり、新しい天皇を決める必要が生じました。道家は自身の縁戚で、後鳥羽上皇が可愛がった順徳上皇の子である忠《ただ》成《なり》王（一二二一～八一）を即位させようとします。貴族の大半も「道家様がいうなら」と流れは決まったかに見えました。

ここで重要な役割を担ったのが、六波羅探題の極楽寺重時です。重時は貴族の土御門定《さだ》通《みち》（一一八八〜一二四七）と気脈を通じていました。定通の妻は重時の同母妹の竹殿（生没年不詳）でした。定通は自分が後見をしている土御門上皇の子、邦仁王こそが相応しいと考えており、重時を通じて幕府にその旨を伝えたのです。

泰時は「後鳥羽上皇の可愛がった順徳上皇の血統だけはダメだ」と考えていましたから、この提案は渡りに船でした。土御門上皇は、幕府の天敵である後鳥羽上皇の子でしたが、父とは違い親幕府の考えの持主でした。「幕府と良い関係にあった土御門上皇の子ならいいだろう」と泰時は動き出します。泰時は朝廷への使者となった安達義景《よしかげ》（景盛の子、一二一〇〜五三）に「もし意に沿わない皇子が天皇に就くことがあったら兵を動かしてもいい」と命じました。

忠成王の即位が認められるものと考えた貴族たちは道家のもとにむらがって幕府からの使者を待ちました。ところが、使者はやって来ません。安達義景は新しい天皇の庇護者である土御門定通のところへ行き、幕府の裁定を伝えていたのです。ここに後嵯峨天皇が誕生します。これによって道家の権威は失墜し、一時期、政治の中心から外れることになります。これが「幕府が天皇を決める」という前例となりました。

この即位問題が一応の解決をみた直後、一二四二（仁治三）年六月、泰時は六十歳でこの世を去ります。先にも触れたようにこの年の『吾妻鏡』は現存しません。天皇即位の問題に関して詳細を残したくなかったのか、はたまた泰時の死の直後に大きな陰謀が起こったからなのか。理由はわかりません。

第四章　北条時頼――民を視野に入れた統治力

経時の時代

二十年近くにわたった泰時の治世の後を継いだのは、孫にあたる北条経時でしたが、病弱だったこともあり、わずか四年政務を執っただけで引退し、その後すぐに亡くなっています。執権として在職した時期は短かったのですが、幕府の本質にかかわる重要な事件が起こっています。それが北条家による将軍「解任」事件でした。

実はこの事件の背景となる不安定要因は、前の代の北条泰時のころから潜在していたものでした。泰時は破綻を破綻のまま抱え込むようなタイプの人だったといえるでしょう。良くいえば、器が大きく、なんでも取り込める、悪くいえば問題を先送りしてしまう人物なのです。たとえば北条一門の〝反逆児〟名《な》越《ごえ》朝時《ともとき》が北条本家に対抗意識を燃やしていることは明らかでしたが、政権内に取り込もうとしています。後鳥羽の正統を復活させようとした九条道家にも徹底的な排除はおこなわず、後には復権を許しました。

結果的には泰時が自分の世代で処理しなかった問題が、次の世代で大爆発することになったといえます。

改めて経時の経歴を紹介しましょう。父は泰時の長男時氏《ときうじ》。母は松下禅尼で、時頼は同母弟になります。

松下禅尼は、兼好法師《けんこうほうし》（一二八三～一三五二）が『徒然草《つれづれぐさ》』で、その質素倹約ぶりを紹介したため有名になりました。ある時、（すでに執権になっていた）北条時頼が母の館を訪ねると自ら障子《しょうじ》の貼替えをしていました。側にいた安達義景（松下禅尼の兄）が、「そんなことは家来にやらせればいい」というと、松下禅尼は、

〈「その男、尼が細工《さいく》によもまさり侍らじ」〉（『徒然草』第百八十四段）

「あら、その男は、私よりもまさか障子を貼るのが上手なの？」と答えたというのです。さらに義景が、障子全体をまとめて貼り替えた方が楽だというのに対し、「破れたところだけを修理して、まだ使えることを若い人に見習ってもらいたい」と答えています。兼好法師は最後に、こう書き記します。

〈天下を保つほどの人を、子にて持たれける、まことに、ただ人にはあらざりけるとぞ〉（同前）

「天下を治めた執権を子に持った彼女は、やっぱりただものではない」というわけです。

時氏は若くして亡くなりましたので、経時、時頼の二人は松下禅尼が安達の家で育てました。このため経時・時頼時代には外戚の安達氏が得宗家と深いかかわりを持つようになります。図らずも『徒然草』は、安達氏と得宗（北条本家）の深い関係を教えてくれる貴重な史料になっています。

四代将軍頼経

就任間もない執権経時を脅《おびや》かす存在となったのは、北条氏が擁立した四代将軍九条頼経でした。鎌倉に来た時にはわずか二歳だった九条三寅は、元服して九条頼経となり、一二二六（嘉禄二）年に九歳で将軍となります。経時が執権となった一二四二（仁治三）年にはすでに在位十六年が経っていました。最初は単なるお飾りにすぎませんでしたが、長く将軍の座にいれば、それなりの権力と権威を持つようになります。義時、泰時の築いた体制では、京都から招いた将軍に政治の決定権などありませんが、儀式があれば中心になりますし、上洛した際も幕府の代表者として振舞います。しかも、京都では父の九条道家が政治の権力を握っていました。頼経自身も「いつまでもただの飾りでは満足できない。父のように実権をふるってみたい」と考えるようになっていったのです。

得宗家に不満を持つ北条一門や御家人たちが将軍の権威を利用しようと頼経に近づいていきます。頼経派の御家人の中心となったのは三浦義村の子である三浦泰村（?～一二四七）と光村《みつむら》（一二〇五～四七）兄弟であり、一門では先に触れた名越朝時でした。

反抗する一門、名越家

名越朝時は、北条義時の子で泰時の弟にあたります。ここで注目したい点が、母の出自です。泰時の母である阿波局は家系不詳であるのに対し、朝時の母である姫の前はあの比企一族の一人、比企朝宗の娘でした。前に述べたように、比企氏は時政の時代に滅びましたが、北陸を中心とした広大な比企領（能登、越中、越後）を受け継いだのが朝時でした。さらに九州にも独自に知行国を持っていました。北条一族の中で血統もよく、財力も豊かだったのが名越氏だったのです。

名越朝時は祖父の北条時政に大変可愛がられ、若いころには義時ではなく朝時が後継者になるのではと噂されたほどです。また、時政の屋敷のあった鎌倉の名越の地に館を構えています。名越家には「わが家のほうが、本当は北条家の嫡流だ」という意識があったようです。

朝時は若いころから素行が悪いことでも知られていました。将軍実朝の時代には、将軍御台所の女官のところに忍び込んだことが発覚し、義時の怒りを買って一時義絶されています。それにもかかわらず、和田合戦で活躍し、承久の乱の際は北陸方面の軍の大将軍となっていますから、相当に武勇に優れた人物だったのでしょう。

泰時は、こうした朝時を評定衆に加えました。しかし朝時はすぐに辞任しています。以後、幕府の中枢の政治にはあまりかかわらず、北条本家にとっては不気味な存在だったのです。

このような潜在的危険分子が、将軍頼経の野心と結びついたとき、大きな騒動が起きたのです。

頼経の「解任」

経時が執権に就任して早々の一二四四（寛元二）年、頼経が将軍職から引きずり下ろされます。辞任を申し出た形をとっていますが、経時の圧力があったと考えて間違いありません。当時、頼経はまだ二十七歳で、将軍職を譲った息子の九条頼嗣《よりつぐ》（一二三九～五六）は六歳に過ぎませんでした。京都ではこの政変を「よくわからない」と日記に記した貴族もいたほど突然の出来事でしたが、頼経の辞任の直前に、経時によって頼嗣の元服が行われていることからも、計画的な「解任」劇だったことがうかがえます。頼経のもとに反得宗家派が集まっていたのに対し、先手を打ったのです。

　しかし、将軍を辞めた九条頼経は、鎌倉に留まり、「大殿《おおとの》」と呼ばれて、依然として三浦、名越といった多くの支持者を集めていたため、政局は混迷の度合いを増していきます。

　頼経辞任の翌年には、名越朝時が病死し、息子の光時《みつとき》（生没年不詳）が名越流を相続することになります。このころ、九条道家のブレーン、平経高が奇妙なことを日記に書いています。死んだ名越朝時が夢に現れて「忠成王に御所を新造して献上したい」と言った、との記述です。

　この時代、「夢」がある種の決意を表したり、決断を促したりするものとして捉えられていました。有名なところでは、鎌倉末期に後醍醐天皇が、夢のお告げによって楠木正成《くすのきまさしげ》の存在を知り、正成を召した逸話も残されています。

では、この平経高の夢は、彼らにとって何を暗示していたのでしょうか。実は京都では、失墜したはずの九条道家が復権し、幕府が擁立した後嵯峨天皇の譲位を要求しはじめていました。つまり、この夢は名越氏が北条得宗を追い落として、前将軍の父である九条道家と連携し、忠成王を新天皇として、後鳥羽の一統を復活させる――というストーリーを示唆しているのです。

また経時政権は内政面でも不安定さをみせます。それを端的にあらわしているのは、たった四年の治世の間に御成敗式目の追加法が乱発されていることでしょう。それだけ訴訟が増え幕府がその対応に追われたことを意味します。

もともと病弱だった経時は将軍の「解任」という大きな仕事をやり切って疲れ果ててしまいました。次第に病気が進み一二四六（寛元四）年、自分の二人の子供は幼いので、弟の時頼に後を託すことにします。

この頃になると北条氏の一族が各地で力を蓄えています。一族の中でも重鎮だったのは、京都の六波羅にいる極楽寺（北条）重時と、伊賀氏の乱の際に、後継者候補としてクローズアップされた北条政村でした。経時の二人の息子は僧になり、その後も後継者候補として再浮上することはありませんでした。時頼への権力移譲は、名越流を除く北条一門の総意だったのでしょう。

深秘御沙汰

　こうして一二四六年に執権となった時頼は、非常に不安定な状態の政権を引き継ぎました。北条一族の内部には、今にも破裂しそうな名越家という爆弾がころがっています。その名越家の後ろには前将軍の九条頼経がいて、北条本家への不満を持つ御家人たちの旗頭になっています。評定衆にも三浦泰村や毛利《もうり》季光《すえみつ》（大江広元の子、一二〇二〜四七）といった反時頼派が名を連ねていました。京都では頼経の父、九条道家が後嵯峨天皇の更迭を求め、反北条の動きを鮮明にしています。多方向からの圧力の中で、新執権は船出したのです。

　この時頼政権を支えたのが、大叔父で六波羅探題北方の極楽寺重時であり、安達景盛、義景、泰盛《やすもり》の三代にわたる安達氏でした。重時は十七年間、六波羅の最高責任者を務め、後に連署の座に就くなど、政権最大のキーパーソンとして、時頼を支えました。さらに重時は、娘の一人を時頼の妻にした上、もう一人の娘を安達泰盛の妻としています。時頼の母は安達義景の妹、松下禅尼ですから、北条と安達が何重にも結びついた政権となったのです。

時政や義時の時代は比企氏などさまざまな家と姻戚関係を結びましたが、北条泰時の時代には三浦氏が、経時・時頼時代は安達氏が最大の外戚として存在感を示すようになります。

また、時頼は評定衆とは別に、ごく少数の幹部をメンバーとする意思決定機関を作ります。評定衆が実務を重んじる官僚的な機関だったのに対し、時頼が新たに組織したのは幕府の危機に対応するため、北条政村、金沢《かねさわ》（北条）実時《さねとき》、安達義景、三浦泰村といった、得宗派有力御家人を中心とした最高指導機関でした。ここで興味深いのは、頼経派の三浦泰村も入っていることです。そのような人物をあえて、自派に取り込もうとしたのでしょう。この組織は、「深秘御沙汰《しんぴのごさた》」と呼ばれました。この組織には、得宗の個人的な家来である御内人も参加するようになり、のちに「寄合衆《よりあいしゅう》」へと発展します。

さらに、一二四九（建長元）年には、裁判の迅速化のために評定衆の下に「引付衆《ひきつけしゅう》」を新設しています。時頼は、意思決定の集中化と、より現場に近い実務運営の両方を目指したといえます。

宮騒動

一二四六（寛元四）年閏四月、前執権の北条経時が亡くなります。すると翌月二十四日に時頼は驚くほど素早く、そして一気に動きます。鎌倉に集まった時頼派の御家人たちに命じて、各通りを封鎖させ、検問所を設置しました。その目的は、将軍のいる御所に御家人を近づけさせないためでした。

『吾妻鏡』は、この日、「故遠江入道生西（名越朝時）の子息（光時）が逆心を起こし、とうとう発覚した」という噂が、鎌倉を駆け巡ったと記します。この時、名越光時は将軍の御所の中にいました。

翌日、不思議なことが起きます。御所にいる光時のもとに、名越家の使者が来たのです。

〈家人が参って（光時を）呼び出し、すぐにそのまま退出した。結局（御所に）帰ることなく、そのまま連座して出家し、その髻を時頼に献じた〉（『吾妻鏡』寛元四年五月二十五日）

家来に呼び出された光時が、そのまま出家してしまったというのです。その後、光時は、伊豆の江間に追放されています。この時、光時の弟たちのほとんどは、時頼に「私たちに野心はございません」と謝罪していたため、咎《とが》められてはいません。名越一族の中で将軍派と時頼派の二派に分裂し、将軍派の光時が失脚したと考えると筋が通ります。

ただ一人、名越時幸《ときゆき》だけは兄と共に出家しています。この時幸は、反得宗の強硬派だったとされます。この翌月、時幸は急死したと『吾妻鏡』は記しますが、殺されたか自害させられたと考えるのが自然でしょう。京都の貴族、葉室定嗣《はむろさだつぐ》（権中納言、一二〇八～七二）の日記『葉黄記《ようこうき》』には、「（時幸は）自害した」と書かれています。

名越家分裂を裏付けるのは、光時放逐後も名越家自体は存続を許されて、光時、時幸の所領の一部は弟たちに分け与えられたことです。彼らは幕政にも参加し続けました。

この政変劇では、後藤基綱、千葉秀胤《ひでたね》などの有力御家人も評定衆を罷免されています。一気に将軍派の御家人までも片づけたのです。千葉氏は上総の有力御家人ですが、この失脚で力を失ってのちに討伐されています。

そしてさらに、六月、騒動の中心人物であった前将軍の九条頼経を京都に「追放」することが決まりました。頼経に同行し京都に向かったのは、評定衆を解かれた後藤基綱や三浦光村（泰村の弟）たち十数名でした。京都に着いたのち三浦光村の語った言葉が残されています。

〈光村は、（頼経の）御簾《みす》の際に留まって数刻退出せず、とめどなく涙を流した。（中略）その後、光村は人々に語った。「ぜひとももう一度、（頼経を）鎌倉に入れ奉ろうと思う」〉

（『吾妻鏡』寛元四年八月十二日）

これを宮騒動といいます。

頼経の「追放」は、朝廷にも衝撃を与えました。頼経の父、九条道家は「自分は今回の事件とは無関係である」との起請文を幕府に提出します。しかし、時頼は道家を許しませんでした。六波羅にいる極楽寺重時を通じて、九条道家を関東申次《かんとうもうしつぎ》（幕府との連絡役）から外すよう朝廷に圧力をかけたのです。常々、道家のことを苦々しく思っていた後嵯峨上皇もこの動きを後援したのでしょう。道家はもはや弁明の余地は与えられないと判断し、自ら謹慎しました。後鳥羽系の復活を目論んだ道家の体制は崩壊します。関東申次は、西《さい》園寺《おんじ》実氏《さねうじ》（一一九四～一二六九）に引き継がれることになります。

さらに幕府主導による道家系排除は続きます。摂政の一条実経《いちじょうさねつね》（道家の子）が幕府の意向で辞任。同じく道家の子である慈源《じげん》も天台座主《てんだいざす》（比叡山のトップ）を辞しています。こうして幕府は、貴族の主要人事も動かすようになったのです。

三浦兄弟の失敗

名越光時の粛清、前将軍の「追放」、朝廷の人事権の掌握と、一気に政敵を潰滅《かいめつ》させた時頼にとって、最後に残った反執権勢力が三浦一族でした。

しかし、実際のところ、合戦の前にすべての決着はついていました。前将軍の頼経が京都に「追放」されたために、三浦泰村たちには後ろ盾がいなくなってしまったのです。『吾妻鏡』に興味深いやり取りが残っています。一二四七（宝治元）年四月、出家していた安達景盛が、時頼の館にやってきて何やら二人で相談ごとをしたというのです。その後、景盛は子の安達義景と孫の泰盛を叱責しました。その内容が非常に重要です。

「三浦一族は、武門に優れて傍若無人、時が経てば、安達家では対抗することができなくなる」と述べたあと、

〈義景といい、泰盛といい、生まれつき怠惰で、武備を怠っているのは、けしからぬ〉

（『吾妻鏡』宝治元年四月十一日）

安達景盛は時頼の祖父です。この叱責は、「時頼様の憂いを無くすためにお前たちが率先して三浦を討て」と言っているのにも等しいものでした。

五月末になると、三浦氏の周辺がキナ臭さを増していきました。

時頼が三浦泰村の館に滞在していると、そこで武装の準備をしている音が耳に入り、慌てて自分の館に戻ったというエピソードが『吾妻鏡』にあります。別の日、時頼は佐々木氏信《うじのぶ》（一二二〇〜九五）を使者として派遣し泰村の釈明を求めました。

すると泰村はこう語りました。

〈「このところ世間が騒がしいのは、全くこの身の愁いのようである。その理由は、兄弟が共に他門の宿老を超え、すでに正五位下となっている。（中略）守護職数カ国、庄園数万町が我が一族の知行するところである。栄運はすでに窮まっている。今となっては上天の加護はたいそう測り難いため、讒言を避けるために慎んでいる。」〉（『吾妻鏡』同年六月一日）

しかし泰村は自分には不満はない、身を慎んでいるという割には、武器を整え合戦の準備を解く気配はありません。その後も時頼はさらに使者を送って、戦を避けようとしたと『吾妻鏡』は記しています。三浦氏との戦いに関しては、『吾妻鏡』は一貫して戦を避けようとする時頼と、戦端を開こうとする安達景盛という構図で描かれています。

宝治合戦

こうして緊張感が高まったタイミングで、再び安達景盛が登場します。六月五日、安達景盛は義景、泰盛親子を「今朝、絶対に雌雄を決するべき」と叱咤します。これを合図に安達勢が出撃して、三浦泰村の館を攻撃したのです。これを宝治合戦と呼びます。和田合戦以来、狭い鎌倉で行われた久しぶりの合戦らしい合戦でした。

将軍派だった毛利季光は、この時は時頼側に加わろうとします。ところが、妻（泰村の妹）に、〈「若州（泰村）を見捨てて左親衛（時頼）の御方に参ることは、武士のすることでしょうか（後略）」〉と説得され、三浦側に参加して命を落としました。戦国大名の毛利元就《もとなり》は、この毛利季光の子孫であると称しました。

さて三浦勢は必死で抵抗しますが、しばらくすると、館に火が付き防戦が難しくなりました。泰村は館を捨てて頼朝の墓がある法華堂に立て籠ります。ここで泰村以下、五百人が戦死、または自決しました。この法華堂の中で興味深い会話が交わされています。

三浦一族の中でも最も好戦的だったのは、泰村ではなく、若いころから頼経の側近だった光村でした。光村は、〈「入道御料（頼経）の御時、禅定殿下（九条道家）の内々の命に従ってすぐに計画していれば、武家の権力を握ったのは間違いない。不覚にも若州（泰村）が実行しなかったため、今となっては愛する子どもと別れる悲しみを味わうだけでなく、永く当家が滅亡する恨みを残すこととなり、悔やんでも余りある」〉と兄に心中を吐露したといいます。この光村の言によれば、京都―鎌倉を結ぶクーデター計画は実際はあったことになります。

それに対して、泰村は、三浦義明以来、四代に渡って、また北条殿の外戚として補佐してきたのに、一度の讒言でここまでの恥を与えられて恨みと悲しみしかない、とした後に、こう語ります。

〈「（前略）故駿河前司殿（三浦義村）は、自門・他門の者に多く死罪を行い、その子や孫を滅ぼした。罪業の因果であろうか。今はもう冥途に行く身であり、強《あなが》ちに北条殿を恨んではいない」〉（『吾妻鏡』同年六月八日）

父の義村がさまざまな陰謀にかかわったことを告白しているようにも取れて、非常に興味深い記述です。

なぜ、法華堂でのいわば秘密の会話がここまできちんと記録されているのでしょうか。実は泰村たちが乱入したとき、たまたまある僧侶が、仏事を行っていたのです。彼は逃げ場を失い、急いで法華堂の天井に隠れました。そこで三浦兄弟の会話を全部聞いていたのです。彼は三浦一族が自決した後で助けられ、幕府が事情聴取を行っています。その証言記録が『吾妻鏡』に採用されることになりました。

北条重時の連署就任

三浦氏を滅ぼした北条時頼は、さらなる政権の安定化を図ります。六波羅探題の極楽寺重時を鎌倉に呼び寄せ、連署に就任させたのです。北条泰時の時代に北条時房が亡くなって以降、空席だった連署の復活です。

　前述したように時頼は、この頃、重時の娘を妻に迎えています。彼女との間に生まれた子供が後に得宗を継ぐことになる北条時宗《ときむね》（一二五一～八四）です。すでに長男の時輔《ときすけ》（一二四八～七二）は生まれていましたが、母が重時の娘という血筋には勝てず、時輔は後継者として扱われることはありませんでした。

　極楽寺重時が加わったことで、時頼体制は安定度を増しました。さらに大きかったのは、対朝廷外交への影響です。長年、朝廷との交渉を担当していた重時は、九条道家の排除をめぐり、後嵯峨上皇から絶大な信頼を勝ち取っていました。上皇は重時が鎌倉に戻る話を聞き、重要な仏事（法勝寺八講）への参加を取りやめ、別れを惜しんだとされます。こうして幕府と朝廷は完全な協調体制の時代を迎えたのです。

頼嗣追放

　一二五一（建長三）年十二月、足利家当主の足利泰氏《やすうじ》（一二一六～？）が突然、出家するという事件がおきます。足利家は源氏の名門であり、北条家とは婚姻関係をくり返し結んできた家柄です（泰氏の妻は時頼の妹）。足利家は、源氏幕府から北条主導の幕府に上手く乗り換えて一族の命脈を保ってきましたが、一方で、南関東四カ国に本拠地がないこともあって、幕政の中枢からは距離を置かれることも多かったのです。

その泰氏が幕府に無断で出家をしたため、「所領没収」の処分が下されます。泰氏は「時頼様の親類だから、それだけは許して欲しい」と抗弁しますが、聞き入れられませんでした。出家の理由を示す史料は残されていませんが、この年、前将軍頼経が関係しているとされる謀反事件が問題となり、翌年（一二五二年）にまだ十四歳の将軍頼嗣を廃して、朝廷から新しい将軍を迎えることが決まります。足利泰氏の出家事件もこの謀反計画にかかわっていたからだとする説が有力です。いずれにしても時頼は、頼経、頼嗣と二代続けて将軍を京都に「追放」したのです。

代わりの将軍になったのは後嵯峨上皇の長男である宗尊《むねたか》親王（一二四二～七四）です。宗尊親王は母（平棟子《むねこ》）の出身の家の身分が、弟たちと比べて低かったため天皇になるのは難しかったのです。ちなみに弟の後《ご》深草《ふかくさ》天皇と亀山《かめやま》天皇の母は、関東申次の西園寺実氏の娘で中宮の姞子《きつし》（一二二五～九二）です。これも極楽寺重時が培ってきた朝廷、ことに後嵯峨上皇との良好な関係がものをいったといえるでしょう。

将軍に「なれなかった」のか、「ならなかった」のか

時頼は将軍を追放し、名越氏、三浦氏などの名族を次々と打倒するなど、「内紛」を制することで強力な権力基盤を整えていきます。

こうして北条氏の歴史をみてくると、なぜここまで権力を持ったにもかかわらず将軍になれなかったのかという素朴な疑問がわいてきます。この問題について私は、北条氏は将軍に「なれなかった」ではなく、「ならなかった」と考えています。

これを考えるにはまず北条氏の官位を見るのが良いでしょう。北条氏は天皇を指名することが出来るほどの権力を持っていました。朝廷の官職も思いのまま手にすることができたはずです。それにもかかわらず公卿の仲間入りを果たす三位にもならずに、四位で止まっています。だからといって、貴族たちが北条氏を粗略に扱うことはありませんでした。たとえば摂関家の貴族が、執権に書状を出すときは、代筆ではなく自ら筆をとっています。京都の貴族社会では、一位の貴族から四位の貴族に直筆の書状を出すことなどありえません。北条氏は明らかに別格の存在でした。これは「四位止まり」だったのではなく、「四位より上に行かない」という北条氏側の強い意向があったと考えるべきでしょう。

では、北条氏はなぜ高い官位を拒否してきたのか。それは他の御家人に対するアピールだったと考えるのが妥当でしょう。もともと、北条家は他の御家人たちと横並びの「頼朝様の家来」です。御家人たちも「俺たちの仲間である北条さん」が、自分たちの代表として「御家人による御家人のための幕府を動かしている」と考えていたわけです。だから義時以来、北条氏のトップは常に、「自分は御家人たちからどう見られているか」を痛切に意識してきました。その御家人たちの「世論」に反すると、将軍やどんなに有力な一族でも殺されたり、追放されたりしてきたのが鎌倉幕府の歴史だったのです。

その一方で、「御家人よりも上位の存在」としての将軍も必要でした。『吾妻鏡』は北条一族のための歴史書であると同時に、鎌倉将軍の行状記でもあります。将軍が行う新年の儀式や放生会《ほうじょうえ》など様々な行事の段取りや参加者の序列などが事細かに記されています。御家人というヨコのまとまりを維持するためには、将軍というタテの存在を共有する必要があったのです。

仮に「北条が将軍となります」と宣言すれば、朝廷はそれを認めたでしょう。しかし、これまで従ってきた御家人たちがどこまで納得し、従うのかは未知数です。東国武士が自分たちで担いだ、自分たちの代表であるという頼朝以来のリーダー像を、武士たちにとってより身近なポジションで実現したのが、北条義時であり、泰時、時頼でした。だから北条氏は将軍に「ならなかった」のです。

「撫民」の誕生

時頼の治世において特筆すべきことは、この時代に「撫《ぶ》民《みん》」すなわち為政者は民を慈しむべきだという思想が明白に語られはじめていることです。これまで繰り返し「鎌倉幕府は武士のための政権だ」と述べてきましたが、裏を返せば、彼らの関心は、御家人の利害のみ、もっといえば自分の一族の利害に限定されたものだったともいえるでしょう。

時頼はそれに対し、民をいたわるという思想を強調しました。地頭のもとで耕作に勤しみ、商業活動に精を出す人々を大切にしようというスローガンを掲げたのです。

では、何故、この時期に鎌倉幕府は「撫民」という考えを持つに至ったのでしょうか。私は三つのポイントがあると考えます。一つ目は京都で朝廷がはじめた「徳政」の影響。二つ目は浄土宗に顕著にあらわれる「平等」の思想、そして三つ目は、御家人たちは地頭となって、荘園に暮らす人々を「統治」する立場に立ったことです。

一、二については後に詳しく述べるとして、三についてみてみましょう。それまで武士たちは在地領主として、武力で自分たちの権益を広げ確保することが第一でした。それに対し、幕府体制が整ってくると、より安定的な土地経営こそが利益を生むという認識が生まれます。そこから「民」の求めているものは何か、と考え始めたのではないか、というのが私の仮説です。つまり、荘園を管理、経営する立場になって「領民」のあり方が武士の視界に入ってきたのです。

重時と徳大寺家

一つ目に挙げた京都からの影響を考えるとき、私がキーパーソンとして挙げたいのは、先にも登場した極楽寺重時です。極楽寺重時は、もっと今の日本人にも知ってもらいたい人物の一人です。

彼が子供たちに残した家訓が今に伝わっています。

〈堂塔を建て、親や祖父の仏事をするときに、ほんの少しでも、他人から金品を徴収してはならない。（中略）仏事のことで、間違ったことがあっては、神仏が喜ばれないのは理の当然である〉（「極楽寺殿御消息」六十二条）

至極まっとうな内容ですが、興味深いのは同時代に京都でもほぼ同じ内容を語っている人物がいることです。内大臣の徳大寺《とくだいじ》実基《さねもと》（一二〇一～七三）です。実基は、後嵯峨上皇が作った朝廷の評定衆のメンバーで、朝廷の徳政の指導者の一人でした。後嵯峨上皇に対して行った献策の中で「神は人の信と徳は受け取ってくださいますが、真心のこもっていない供え物は受け取りません」と書いています。人々を苦しめて手に入れた利益を神のために使っても、喜ばれないということです。この実基は、重時が京都で非常に親しく接した人物でした。そこには、二人の共通の信仰である浄土宗の教えが深く関わっているのではないか、と考えています。

　重時はのちに日蓮《にちれん》（一二二二～八二）に「極楽寺殿は浄土の教えを信奉したため、一族が早死にで、ほとんど家が絶えてしまった」と罵倒されたほど熱心な浄土宗信者でした。また、浄土信仰の表れとして、鎌倉大仏（阿弥陀如来《あみだにょらい》）の建立にも重時は大きく関わったのではないか、と私は考えています（重時の館のあった極楽寺と鎌倉大仏は、近い距離にあります）。

　浄土の教えはある意味「易しい」教えです。難しい教理を学ぶ必要もなく、厳しい修行も必要ない。「南無阿弥陀仏《なむあみだぶつ》」さえ唱えれば、貧しくても、学がなくても、何も持たない庶民であっても極楽に往生できるとするものです。

浄土宗の僧侶たちによって、鎌倉期には爆発的に教えが広まっていきました。本郷恵子氏の研究によると、この時期の浄土宗の教えのなかにはっきりと「撫民」の概念が現れているというのです。

『広疑瑞決集《こうぎずいけつしゅう》』（一二五六年成立）と呼ばれる、浄土宗の信仰に関する質疑を収めた本の中に、興味深いエピソードが紹介されています。

地頭の上原敦広《うえはらあつひろ》が僧の信瑞《しんずい》に問いかけました。「私は、仏に帰依するために、寺院を作り、仏像を作っています。その費用は、荘園の農民から搾り取ったものです。これを仏はお喜びになりますか」。信瑞は答えます。「仏は喜ばない。どんな供物でも、それが民を苦しめた結果であるならば仏は受け取らない。あなたはまず民をいたわるべきだ。それこそが、仏への帰依となる」

まさに、重時や実基と同じ論理だといえるでしょう。

この逸話にヒントを得て調べたところ、信瑞は法然の直系の弟子筋にあたる僧侶だとわかりました。さらにいえば、信瑞は鎌倉で時頼とも面会しています。そう考えると、信瑞を通じて、時頼の中に浄土の教え、撫民の思想が入ってきた可能性もあります。

時頼と信仰

浄土の教えと政策について考えてきましたが、時頼は禅宗を保護したことで知られています。鎌倉の建長寺《けんちょうじ》を開き（一二五三年）、南宋（中国）から来た蘭渓道隆《らんけいどうりゅう》（一二一三〜七八）を師と仰いだためです。さらに南宋の臨済宗の高僧、兀庵普寧《ごったんふねい》（一一九七〜一二七六）を鎌倉に招きました。

一般には禅宗といえば座禅のイメージが強いのですが、もちろんそれだけではありません。禅宗においては特定の仏に対する帰依がありません。過激な言葉ですが「仏に会えば仏を殺せ」という教えがあるように、物事の徹底的な相対化を図る思想です。仏とは何か、善とは何かと根本から考えつくすわけです。生と死もそうです。生が良くて楽しいもので、死が悪くて楽しくないものという紋切り型は認めないのです。すべての前提を疑い、徹底的に考えつくすことに禅の本質があるといえるでしょう。

建長寺の本尊は珍しいことに地蔵菩薩《じぞうぼさつ》です。法堂《はっとう》の中にある伽藍神《がらんじん》像は道教の神様が祀られています。建長寺は蘭渓道隆の時代から、よいと思ったものを縦横無尽に取り入れてきました。

蘭渓道隆の教えを乞うた時頼もまた、禅宗だけでなく浄土宗などの様々な教えを取り入れ、政治に生かしていったと考えられます。たとえば、曹洞宗の道元が鎌倉に来た際も教えを乞うています。

幕府と日蓮

実は、時頼の時代は、日蓮宗の勃興期でもありました。日蓮は一二六〇（文応元）年に『立正安国論《りつしょうあんこくろん》』を執筆し、時頼に献上しています。浄土宗の教えを徹底的に攻撃していて、「数十年の間、百千万の人、魔縁に蕩《と》かされて多く仏教に迷えり」と非難しています。このままでは天変地異や内乱、外国の侵略が起こるので、すぐに法華経の教えを信じるべし、と説いたものです。

この時、日蓮の書を取り次いだのが宿屋入道光則《やどやにゆうどうみつのり》（生没年不詳）という時頼の側近です。『吾妻鏡』では宿屋は時頼の死の際にも、特に許されて伺候《しこう》したとされ、信頼された人物であることがわかります。その宿屋が熱心な日蓮の信者だったのです。

時頼自身は『立正安国論』への反応をしていません。しかし、浄土宗の熱心な信者であった極楽寺重時と子の赤橋長時《あかばしながとき》（一二三〇〜六四）は、強い反発を示しました。献上の後に日蓮が浄土宗の信者に襲撃される事件（松葉《まつば》ケ《が》谷《やつ》の法難）も起こりますが、日蓮宗ではその黒幕は重時であるとする説もあります。

興味深いことに日蓮の教団には、北条家との闘争で敗れた一族が集まっていました。たとえば、比企能員の子で比企氏の乱を生き残った比企《ひき》能本《よしもと》（一二〇二～八六）は、順徳上皇に仕えるなどしたのち、鎌倉に戻り日蓮に帰依しています。そして、比企の館の跡に法華堂を建立します。これが日蓮宗最古の寺院、妙本寺《みょうほんじ》の源流となります。

さらには、名越氏の被官である四条頼基《しじょうよりもと》（一二二九～九六）が熱心な信者であったことから、名越氏の後援もあったという説もあります。幕府が日蓮の教団を「危ない」と考えたのもわかります。

幕府の日蓮への対応は、ある時は処刑しようとしたり、しばらくすると斬首ではなく配流にするなど、振れ幅があります。日蓮の扱いをめぐって、時頼政権内でも重時のような徹底的な弾圧を求める一派と、「日蓮の教えには一理ある」とする派があって、綱引きが行われていたとみることもできるでしょう。

重時の家訓

再び極楽寺重時に戻りますが、彼は「六波羅殿御家訓」と「極楽寺殿御消息」という二種類の家訓を残しています。これが重時の思想をよく表していて興味深い。

〈時としてどんなに腹の立つことがあっても、人を殺してはいけない〉（「六波羅殿御家訓」四条）

　わざわざ家訓として書き残していることから、当時の武士は怒ると平気で人を殺してしまうような人々だったことがよくわかります。そのように撫民とは遠いところからスタートしますが、「極楽寺殿御消息」にはこのように書かれています。

〈支配している荘園において、屋敷に百姓が訪ねてきたら、酒の一つも振る舞ってやりなさい。また、百姓が召し連れている従者だからといって、卑しんではならない〉（「極楽寺殿御消息」七十四条）

〈百姓が屋敷内に耕作しているものを、理由もなく収奪してはならない。（中略）ただし大事な用途があるときは上納を頼むこともある。丁寧にお願いしなさい。百姓の労苦をいたわることがなければ、どうせ取られるのだから、と百姓は耕作しなくなる。そうなっては重要な用があるときに、物資がそろわない、という羽目に陥《おちい》る〉（七十五条）

　百姓をもてなして大切にする事で、税もちゃんと払うようになるというのです。さらに百姓の従者でも下に見ることは間違っているという浄土宗的な平等思想もうかがえます。

さらにこのような一文もあります。

〈百姓をいたはれ。徳もあり、罪もあさし〉

つまり、「百姓を大事にしなさい、徳を積むことにもなるし、生きる上でどうしても犯してしまう罪も軽減される」と重時は考えているのです。「人は生きる過程で罪を犯す」と考えるのも、浄土宗の影響が見て取れます。

重時は一二五六（建長八）年に五十九歳で出家し、子の赤橋長時に後を譲りました。

時頼の隠居

時頼は兄の経時と同じく病弱だったこともあり、一二五六年に三十歳の若さで出家します。その時、後継者だった時宗はまだ六歳だったため、中継ぎとして、妻の実家である極楽寺家から新しい執権を立てることにしました。それが極楽寺重時の子、赤橋長時です。長時は時頼の妻の兄になります。

これは幕府にとっても得宗家にとっても画期的なことでした。これまで得宗＝執権であり、執権は北条家の当主が代々務めてきたからです。

しかし、初の非得宗家による執権誕生は、逆に得宗家の権力が高まっていたことを意味するものでもありました。他家に執権を譲っても、得宗家の優位はもはや揺らぐことはなかったのです。

　時頼は引退したものの、病状は急に悪化することはなく、「院政」をはじめました。自分の子の時宗にまず得宗を継がせ、成長したのちに執権となればいいというのが時頼の構想でした。

　中継ぎに選ばれる条件として重要なのは、得宗家に絶対逆らわない一門の人物であることでした。長年ともに政権を運営してきた極楽寺家であれば、名越家と違って本家を乗っ取るようなことはありません。一族の別の者に職を譲ったら、もう自分の直系の子孫には戻ってこない可能性がありました。実際に時頼は、兄の経時の子供たちを全員出家させ、得宗も執権も譲ってはいません。

　この赤橋長時が若くして亡くなると、つぎに北条政村が七代執権となります。伊賀氏の乱で、後継者と目されたあの政村です。政村は得宗家を支える重鎮に成長していました。政村は若き時宗を連署にしてともに政治を行い、時宗が十八歳になった年に、執権職を譲ります。そして自らは連署となって、執権時宗を支えました。鎌倉幕府の歴史の中で、執権から連署になったのは政村が唯一の例です。

廻国伝説と「鉢木」

隠居し出家した時頼には、日本全国を廻り人々の生活を見てまわったとする「廻国《かいこく》伝説」があります。関東から東北にかけても、時頼が開基《かいき》にかかわったり訪ねてきたという伝説を持った寺が数多くあります。水戸黄門（徳川光圀《とくがわみつくに》）の漫遊がフィクションであるように、時頼の廻国には史実としての裏付けは何もありませんが、理想の政治指導者として人々の想いを託されたのかもしれません。

なかでも有名なのは謡曲ともなった「鉢木《はちのき》」のエピソードです。

ある僧侶が北関東を旅していました。雪の夜、上野の高崎の南にある佐野の地で、一人の貧しい御家人の家に泊めてもらうことになります。心優しい主の佐野《さの》源左衛門《げんざえもん》常世《つねよ》は、見ず知らずの僧侶に暖をとってもらうために手塩にかけて育てた松、梅、桜の盆栽を火にくべて「寒いでしょうからどうぞ」と勧めたのです。常世は僧に語ります。「一族の陰謀で私の本領は奪われてしまいこのような落魄《らくはく》ぶりです。しかし、『いざ鎌倉』の声がかかったなら、真先に駆け付ける覚悟があります」

しばらくして、幕府から招集がかかると、常世はさびた太刀を持ち、ボロボロの具足で、痩せ馬にまたがって鎌倉に駆け付けました。きらびやかな鎧武者たちの中で、ひときわみすぼらしい常世に、なぜか声がかけられます。呼ばれるまま出ていくと、そこには以前、泊めた旅の僧がいました。僧は北条時頼だったのです。時頼は、常世の忠義の心を喜んで、本領の佐野を取り戻させ、さらに松梅桜にちなんで、上野の松枝、加賀の梅田、越中の桜井の地を与えた、というストーリーです。

　御家人の忠義を扱ったこの謡曲から、北条氏と御家人の関係を考えてみましょう。時頼はこの時、常世に将軍政所の安堵状を渡したはずです。当時の将軍は宗尊親王でしたから、本来は将軍と御家人の間で、「御恩と奉公」の関係が成立するはずです。しかし、現在残されている将軍下文を見ると、将軍のサイン（花押）はなく、執権と連署のサインのみです。そして、「鉢木」の中では、将軍は一切出てきませんし、常世が恩義と忠誠の対象とするのは、時頼だけなのです。

　つまりこの謡曲は、本来、将軍に仕えていたはずの御家人が、新しい主人である「得宗」との間に御恩と奉公の関係を結ぶストーリーだと読むことができるのです。このように、御家人でありながら、北条得宗家に仕える人々を「御内人《みうちびと》」と呼びます。北条氏の権力拡大とともに御内人の数も増え、力を持つようになってきます。尾藤《びとう》氏、平氏、諏訪《すわ》氏などの御内人が、幕府の中で本格的に権力を振るい始めるのは、次の時宗の時代のことになります。

時頼とは何だったのか

〈時頼（御法名は道崇。御年は三十七歳）が最明寺の北亭で死去した。（中略）平生、武略で主君を補佐し、仁義を施して民を撫育した。こうして、天意に達し、人望に適った。臨終の時は、両手を組んで印を結び、口に頌《じゅ》を唱え、即身成仏《そくしんじょうぶつ》の瑞相《ずいそう》を現した。もともと権化の再来である。誰がこれに異論を唱えることが出来ようか〉（『吾妻鏡』弘長三年十一月二十二日）

これが『吾妻鏡』に描かれる一二六三年の時頼の死の状況です。〈権化の再来〉とは、仮に人の姿となって現れた仏を意味します。これまでのどの北条家当主よりも、過度に褒めたたえられています。北条得宗家にとって時頼がどのような意味を持った人物であったのか、これほど端的に表している箇所はありません。

最後にリーダーとしての時頼について考えてみましょう。時頼は先代の泰時の宥和政策により反得宗派のライバル（名越氏、三浦氏ら）が力をつけたなかで家督を継ぎ、ピンチを迎えました。しかし果断な処置を下すことで、北条氏の求心力を復活させました。その意味で、決断力、実行力に秀でたリーダーとみることができるでしょう。

さらに信頼できるパートナーである極楽寺重時を登用し、少数精鋭の意思決定機関を構築します。また、旧来型の組織を再編することで、執権の手足となってすぐに実行する体制を整えました。さらに仏教など幅広い視点を受け入れることで「撫民」の思想を展開しました。

リタイア後に諸国をめぐって社会活動に励んだという伝説も含めて、時頼の姿は苦境を乗り切りV字回復を果たしたビジネスリーダーを連想させます。

第五章　北条時宗、北条貞時――強すぎた世襲権力の弊害

時宗は「救国の英雄」なのか？

執権北条時宗といえば、なんといっても元寇でしょう。関東を中心に政争（内輪もめ）を行ってきた鎌倉幕府が、はじめて世界帝国の元と対峙することになったのです。「巨大帝国を打ち破った指導者」として、執権北条時宗は高く評価されてきました。

特に戦前は、「神風《かみかぜ》」と共に国難を救った英雄として神様のような扱いをされています。その影響は歴史学の世界でも強く、時宗について史料をもとに冷静な議論ができるようになったのは戦後になってからです。

結論からいえば、時宗は卓越したリーダーではなかったと私は考えています。後に詳しく検討しますが、そもそも元と戦火を交えることになったのも幕府による外交の失敗だっ

た——もっといえば、外交能力の欠如によるものでした。さらに内政に関しても、幕府はさまざまな課題を抱えるのですが、対応がブレ続けます。これは政権内部の対立によるものでした。その対立を調停したり、克服したりするのが、得宗家の長である時宗の役割だったはずですが、そうしたリーダーシップを発揮することなく、対立と動揺は続きます。そして、それが鎌倉幕府の土台を少しずつ揺るがせていったのです。その意味では、史実としての時宗は「救国の英雄」というよりも「幕府崩壊の遠因となった無力なリーダー」といえるかもしれません。

　では、史実に基づく時宗の実像はどのようなものだったのでしょうか。

　時宗がこれまでの北条氏のリーダーと決定的に違うのは、彼が生まれながらにして得宗・執権を約束されたサラブレッドだったことです。これまで述べてきたように、義時、泰時、時頼はもともと北条本家の嫡男とはみなされていませんでした。いずれも実力で、時には死地をかいくぐるような試練を経て、鎌倉幕府のトップとなったのです。それに対して、時宗が執権である根拠は「得宗家の嫡男だから」以外の何ものでもありません。この意味で、時宗は正真正銘の「世襲（のみ）によるリーダー」だったのです。

　時宗は五代執権の時頼を父に、ナンバー2として連署を務めた極楽寺重時の娘、葛西殿《かさいどの》

（一二三三?～一三一七?）を母に生まれました。妻も安達氏の娘ですから、幕府トップ3が支えるプリンス中のプリンスだったのです。時宗には兄に時輔がいるのですが、母は側室の讃岐局《さぬきのつぼね》（生没年不詳）だったため、早々に後継者候補から外されています。父の時頼は幼い頃から常に上位に時宗を置き、兄弟格差をつけていました。時輔には「お前は時宗を助けるんだぞ」と言い含め、周囲にもそのように扱うよう求めて、継承の安定化を図っています。

前章で述べたように、時頼の引退時、まだ時宗が幼かったために、執権となったのが赤橋長時（極楽寺重時の子）でした。その長時の死後、北条政村（義時の子）が執権になります。政村は時宗に「帝王学」を授けた人物です。副執権である連署に十四歳の時宗を任じて、指導者としての役割を教えたのです。このあたり、時宗をきっちりと育成しようとする北条一門の総意が感じられます。

では時宗にその期待を受け止めるだけの能力があったのか？

父の時頼は南宋から来た臨済宗の僧侶、兀庵普寧《ごったんふねい》を建長寺に招き、自らの家庭教師としていました。これまで述べてきたように、後発の政権である鎌倉幕府は、先行する京都の朝廷を「師」としながら、制度などを整えてきましたが、実は、幕府にはもうひとつ「師」

がありました。それは、先進国・中国です。南宋から招いた僧侶たちは当時のアジア世界では第一級の知的エリートでした。泰時、重時、時頼といった北条氏のトップたちが深く仏教を学んだことは先にも述べましたが、中国から来日した僧侶は、先進国の知識を背景にさまざまなアドバイスも行う存在だったと考えられます。なかでも兀庵普寧は、中国でもトップクラスの禅僧、無準師範《ぶじゅんしはん》の高弟で、南宋でも名の知られた学識の持ち主でした。

　その仏教の師であり、得宗のアドバイザーであったはずの兀庵普寧は、時頼が亡くなり時宗の代になると、後継も指名せずに南宋に帰ってしまった。この事実から私は、兀庵普寧は時宗に見切りをつけたのではないかと考えています。二人の相性の問題もあったでしょうが、人材が離れていくことは、リーダーにとって大きなマイナスであるといえるでしょう。

北条一門と時宗

　時宗をとりまく環境も、これまでとは大きく変わってきていました。ライバルを次々に退けた結果、幕府内の北条一族の力は拡大していきます。それぞれの所領も増え、幕政の主導権を北条一門で独占するようになるのです。そうするとどうなるのか？　北条本家

（得宗）の権威も高まりますが、北条一族の有力者たちの発言力も大きくなりました。

この頃になると実権は得宗が握っていても、北条一族（特に極楽寺家）や外戚となる安達氏の影響力が増していきます。それでも時頼は一族や外戚とも渡り合って自ら幕政をリードしてきました。ところが、時宗が若年であったこともあり、北条一門や安達氏といった有力者たちが実質的にイニシアチブを握るようになったのです。

「得宗さえ押さえていれば、幕府自体を牛耳《ぎゅうじ》ることができる」「俺たちに都合のいい得宗であればいい。余計なことをする得宗は困る」というわけです。実は、この状況は鎌倉幕府における将軍の位置付けと重なります。「生まれながらのトップ」時宗の時代に起きていたのは、「得宗の将軍化」だったのです。

そのため、時宗時代の幕府をみる上では、得宗家を取り巻く人々の動きが重要になってきます。まず、この時代の北条氏の一門から見ていきましょう。

執権になった北条政村は長老として重きをなしましたが、時宗に執権を譲ってのち、しばらくして亡くなります。

宮騒動に関連して光時が失脚した名越家は、弟の時章《ときあき》（一二一五〜七二）が当主になりました。さらに下の弟には教時《のりとき》（一二三五〜七二）がいます。この兄弟は、幕府内では、評定衆など重要な役職に任じられていましたが、潜在的に反得宗家の火種がくすぶっている状態です。閣内の反体制派といえるでしょう。

極楽寺家は、重時の子供が多かったため、いくつかの家にわかれました。長男が病気で廃嫡となり、次男で執権になった長時を祖とする赤橋家が本家本流になります。長時の子の赤橋義宗《よしむね》（一二五三～七七）は、六波羅探題になるなど重責を担っていましたが、若くして亡くなりました。

次に重要な家が重時の五男の義政《よしまさ》（一二四二～八二）が興した塩田《しおた》家です。塩田家は信濃に地盤を持ち、豊かな財政力をバックに影響力を持っています。他にも極楽寺家は執権を出す普恩寺《ふおんじ》家など、いくつかの家に分かれています。

金沢《かねさわ》家は、時頼の盟友だった実時《さねとき》（一二二四～七六）が健在で一族の長老として存在感を保っています。

かつて、泰時の連署として活躍した北条時房の子もそれぞれ家を興しています。長男の時盛《ときもり》（一一九七～一二七七）が佐介《さすけ》家、四男の朝直《ともなお》（一二〇六～六四）が大仏《おさらぎ》家の祖となっています。

他にも、北条時頼の同母弟である北条時定《ときさだ》（はじめ為時《ためとき》、？～一二九〇）を祖とし、九州に地盤を持った阿蘇《あそ》家が起こります。

時宗の弟からは三つの新しい家が生まれます。評定衆を務めた宗政《むねまさ》（一二五三〜八一）を祖とする宗政流北条氏からは、執権の師時《もろとき》（一二七五〜一三一一）が出ます。長門《ながと》・周《す》防《おう》守護となった宗頼《むねより》（一二五九〜七九）の子である宗方《むねかた》（一二七八〜一三〇五）は要職を歴任し、後に嘉元《かげん》の乱の主人公になります。時厳《じごん》（?〜一三一一）を祖とした桜田《さくらだ》家も同時期に生まれます。時宗と近い親族による新しい北条一門の家が次々と興されているのです。

安達泰盛の登場

御家人の中で別格の扱いを受けたのが、安達氏の当主である安達泰盛（一二三一〜八五）でした。泰盛は宝治合戦で幕府軍の先頭に立って三浦軍と戦うなど、武勇に秀でた武士でした。兼好法師は、『徒然草』で「城陸奥守泰盛は、双《そう》なき馬乗りなりけり」（第百八十五段）と記し、泰盛が鎌倉幕府でも随一の馬の乗り手であったとしています。さらに時宗は、泰盛の叔母である松下禅尼の孫にあたります。

時宗は鎌倉の甘縄《あまなわ》にあった安達氏の館で生まれ育ちました。現在も甘縄神明神社には産湯に使ったとされる井戸が残っています。地理的にみると、甘縄のすぐ西側には、極楽寺がありますから、時頼・時宗政権の与党である極楽寺家や安達家が、時宗を抱え込んで育てていたといえます。

泰盛は二十一歳も年の離れた妹、堀内殿《ほりうちどの》（覚山尼《かくさんに》、一二五二〜一三〇六）を一旦、自分の養子にしてから、時宗に嫁がせています。これによって泰盛は時宗の外戚となります。時宗と堀内殿の間には、のちの得宗である北条貞時《さだとき》（一二七一〜一三一一）が生まれていますから、泰盛の目論見は成功したといえるでしょう。

このような血縁関係によって、安達氏はほかの御家人とは一線を画し、北条一門に準ずる扱いを受けていました。むしろ、極楽寺家の後継者が早くに亡くなっていったため、極楽寺重時の影響力は、泰盛に受け継がれていったと私は考えています。

鎌倉に生まれた二つの派閥

得宗による権力の確立は、新しい権力グループを生み出しました。それが、得宗家に仕える「御《み》内人《うちびと》」です。尾藤氏、平氏、諏訪氏らを中心とする御内人の目的は、得宗へのさらなる権力集中であり、それによって自分たちの権益を強化することでした。そのために極楽寺家などの得宗家以外の北条一門、外戚の安達家とはライバル関係になります。御内人のトップを内管領《うちかんれい》といい、時宗時代には、平頼綱《よりつな》（一二四一？〜九三）がその職にありました。

この「北条一門＋安達氏」VS「得宗側近＝御内人」の対立こそ、時宗時代の幕府の政策が大きく揺れる原因となります。

やや専門的になりますが、少し昔の歴史書では、この両者の対立は、「御家人と御内人の対立」と説明されていました。しかし、実態はもっと複雑です。御内人の多くは、御家人でもあったからです。また、両者の対立は、単にグループ間の勢力争いにとどまらず、幕府全体の方向性にかかわる争いとなりました。何が争点となったのかは、後に詳しく論じたいと思います。

親王将軍も追放

得宗時宗の最初の危機は一二六六（文永三）年に起きました。六代将軍宗尊親王の追放です。といっても、実際に何が起こったのかは、史料にははっきり記されていません。『吾妻鏡』によると六月二十日、幕閣のなかでも最重要人物が時宗の館に集まり、密談（深秘御沙汰）を行います。メンバーは、時宗、北条政村、金沢実時、安達泰盛の四名で、

〈この他の人々は参加しなかったという〉とありますから、名越時章などは呼ばれなかったとみられます。

　こののち『吾妻鏡』では奇妙な記述が続きます。

　二十三日、藤原宰子《さいし》（将軍宗尊親王の妻）が、姫宮（将軍の娘）を連れて山内殿《やまのうちどの》（時宗の別邸）に入り、若宮（将軍の嫡男・惟康《これやす》王）は時宗の館に入ったのです。〈理由は不明〉と記されます。

　二十六日以降、多くの御家人が鎌倉に集まります。そして、七月三日になって事態は大きく動きます。

〈甲冑を着た軍勢が旗を揚げて東西から集まり、相州（北条時宗）の（邸宅の）門外まで密かに接近してきた。次に（軍勢は）政所の南大路で一同し、鬨《とき》の声を挙げた〉

　この軍勢が何のために集まったかは書かれていません。記されているのは、時宗の反応です。時宗は将軍のもとに使者を派遣したのです。

〈以前このように軍勢が動いた時には、将軍家は執権の邸宅に入られ、またしかるべき人々が御所中に参上してこれを守護したようである。今度はそれが行われず、世間は怪しんだ〉

このあと、危険を感じた近臣たちが将軍のもとから一斉に立ち去り、わずかな者のみが周りに残ったという描写が続きます。

翌四日、数十騎を連れて、将軍のもとへ駆けつけようとしたのは、名越教時でした。

〈相州（北条時宗）は東郷八郎入道を介して、中書（教時）の行動を制止された〉

時宗は「勝負はあったから、兵を引け」と教時に命じたのでしょう。

つまり、この騒動は、時宗が将軍の後継を自らのもとに押さえた上で、軍勢を動員して将軍に脅しをかけたという事件だったのです。その結果どうなったのか。

〈戌《いぬ》の刻に、将軍家（宗尊）が越後入道勝円（北条時盛）の佐介の邸宅に入られた。女房輿を用いられた。帰洛されるための御出門という〉（同前）

宗尊親王は京都に追放され、将軍の座を追われることになりました。次の将軍は、時宗のもとにいた惟康王です。このの ち将軍の存在は、驚くほど影が薄くなります。幕府滅亡までに惟康王、久明《ひさあき》親王（後深草天皇の皇子）、守邦《もりくに》親王（久明親王の子）と三代続くことになりますが、政治の表舞台には立ちませんでした。

この事件が表しているのは、親王将軍ですらあっけなく追放できるほど、そして名越氏以外、誰もそれに異を唱えようとしないほど、得宗家が力をつけたことでしょう。さらにいえば、『吾妻鏡』がその理由を説明していないことにも注目すべきです。これまで、北条氏は何度も将軍を排除してきましたが、常に犯人を仕立てたり（実朝暗殺事件）、陰謀話を用意したり（九条頼経、頼嗣追放事件）して、「北条氏の大義名分」をアピールしてきました。ところが、この将軍宗尊追放事件では、そうした筋書きすら提示されていないのです。ここに得宗への権力集中の完成と同時に、驕《おご》りも見てとることができるでしょう。

『吾妻鏡』の最終巻

頼朝旗揚げ以来、鎌倉政権の歴史を記してきた『吾妻鏡』ですが、この将軍追放をもって、最後の記述となります。

そもそも『吾妻鏡』の編纂自体が、北条氏の権力闘争を正当化する目的で行われたものですが、鎌倉も後期になると、本気で北条氏の権力に挑戦する御家人もいなくなりました。北条氏からある種の危機感が失われたのでしょう。『続吾妻鏡』を作ろうとした形跡もみられません。

後世の研究者からすると、『吾妻鏡』は鎌倉幕府のものの見方がわかるという点で、歴史理解のバックボーンのような存在です。この『吾妻鏡』が扱わない鎌倉中期から後期については、発給文書や手紙、朝廷の歴史を書いた『増鏡《ますかがみ》』、貴族の日記、南北朝期に書かれた歴史書などを参照して、歴史を組み立てていく作業になります。しかしながら、すべての時期がきちんと埋まるわけではなく空白期も生まれてきます。

Aという時期の史料と、Cという時期の史料が残されていて、その間にBという空白期間があったとしましょう。このときともすれば「Bのことは史料がないから語りません」と答えるのが歴史学者として誠実な態度だとする風潮もあります。しかし、私はそうは考えません。それでは、なぜAからCへという変化が起きたのか説明できないからです。むしろ、AとCからその間のBという空白を「復元」することこそ、歴史学者の腕の見せ所ではないでしょうか。

貨幣経済の浸透

実は、この時期、日本の社会は大きな変動を迎えていました。貨幣経済の浸透です。私は、これこそが、鎌倉幕府滅亡の最大の要因だったと考えています。そもそも、鎌倉幕府は、御家人に対する土地＝農地の保証をベースとした政権でした。その経済は完全に農業を主体としており、モノを売り買いして利益を得る貨幣経済には対応していなかったのです。

しかし、鎌倉末期になると、から物（中国からの輸入品）やきらびやかな具足などが持てはやされはじめます。たとえば金沢文庫には青磁《せいじ》の壺や花瓶などが伝わっています。美しいものや豪華なものが欲しいという人間の欲望を抑えることは、誰にもできなくなっていました。しかし、モノが欲しくとも御家人たちには、銭を得る手段はありませんでした。唯一、銭に換えられるものは、何よりも大事だったはずの土地だったのです。その結果、土地をカタに銭を借り、返済できなくなって土地を取られてしまう御家人たちが続出するようになります。

本格的な貨幣経済の浸透によって、多くの御家人が困窮し始めました。貨幣によって、日本の「モノ」の流れは加速し、不動産（土地）が絶対であった御家人たちの価値観を激変させていきます。その実態を、時宗よりも少し後の世代で、のちに執権になる金沢（北条）貞顕《さだあき》（一二七八〜一三三三）は手紙の中でこう記しています。

〈から物、茶のはやり候事、なをいよいよ、まさり候、さやうのくそく（具足）も御ようひ（用意）候へく候〉（『金沢文庫古文書』一三七九）

このような「モノ」ブームが大嫌いだったのが『徒然草』を書いた兼好法師です。このようなエピソードを『徒然草』（第二百十五段）に記しています。

評定衆や連署を歴任した大仏《おさらぎ》（北条）宣時《のぶとき》（一二三八～一三二三）が若き日を回顧していった。「ある日の深夜、北条時頼様に呼ばれて、急いで行ってみると『お前と飲みたくなっただけだ』と言われた。『台所で酒の肴《さかな》を探してきてくれないか』と時頼に頼まれたので、いろいろ探したところかわらけ（皿）に味噌がこびりついているのを見つけた。それを報告すると『おお、それがいい』と遅くまで飲み明かした」というのです。最後に宣時は、「昔はみんな、そんなふうだった」と言ったと兼好法師は書いています。

この『徒然草』のエピソードは、時頼的な質素を旨《むね》とする価値観が時代遅れのものとなりつつあったことを逆説的に示しています。

「徳政令」の時代

幕府としては、御家人が借金で土地を失うのを手をこまねいて見ているわけにもいきません。宗尊親王を鎌倉から追放した翌年の一二六七（文永四）年十二月に、注目すべき御成敗式目の追加法が出されます。この追加法は土地の売り買いに関するもので、後の「徳政令」の原型ともいえる内容でした。

まずは、この追加法を読んでみましょう。

〈一、所領を以て質券に入れ、売買せしむる事、

（中略）自今以後、御恩私領を論ぜず、一向、沽却《こきゃく》ならびに入流《いれながし》の儀を停止《ちょうじ》し、本物《ほんもつ》を弁償せしむべき也、（以下略）〉

これではわかりにくいので、中身を補いながら紹介します。「代金を弁償すれば、利息は払うことなく、質入れしたり、売却したりしてしまった所領を返却してもらえる」と書いてあります。当然、利息を免除される対象は御家人のみです。

金に困った御家人は土地を金持ちのところに質入れしたり、売ったりしています。いうまでもないことですが、鎌倉時代も現代と同じく金を借りると、利息を取られます。しかも、現代のように、法律で金利の上限が決まっていませんから、高利貸ししかいない。当然、返さなければ利息はどんどん増えていきます。そうすると、御家人は所領がいつまでも手元に戻ってこないことになります。これは幕府の拠って立つ「御恩と奉公」の土地制度を揺るがすものでした。幕府が安堵した所領を手放すことは許されなかったのです。

追加法によって利息が免除されれば、当然、御家人は喜びますが、貸し手にしてみれば迷惑この上ありません。それをわかっていて、このような法を出したのは、御家人の人気

を獲得したい人たちがいたからです。
とはいえ、この方針は、幕府設立の原点からすれば間違っているともいえません。そもそも源頼朝は「御家人の御家人による御家人のための政権」として東国に新しい政治体制を築いたからです。「御家人のための法律を作ることこそ幕府がすべきことだ」というわけです。御家人の経済的基盤を整えることは、幕府の安定につながります。文句を言ってきたら武力行使。いかにも得宗が強くなってきた時代らしい対処策ともいえるでしょう。

徳政令を巡る攻防

しかし、この「文永四年の法」が出てから二年半ほど経った一二七〇（文永七）年五月、驚くような追加法が出されました。

〈一、文永四年式目三ヶ条の内
　所領を以て質券に入れ、売買せしむる事
（中略）
　棄破せられおわんぬ（以下略）〉

つまり、利息払いの免除を盛り込んだ「徳政令」を全否定したのです。

考えてみれば、こちらの方がまっとうだと言えます。利息も取り決めた上で、貸借の契約を結んだのに、勝手に反故《ほご》にされたのでは、貨幣経済は成り立ちません。もっと言えば、利息をもらえないのだから、御家人に金を貸すメリットはなくなってしまう。その意味では、利息免除の追加法で困ったのは御家人たちの方でした。誰も金を貸してくれなくなってしまうからです。

　これだけでは終わりません。さらに三年後には徳政令を否定した文永七年の追加法を否定する、いわば新たな徳政令が出されます。一二七三（文永十）年七月に出された法の条文を読んでみましょう。

〈一、質券所領事
　今日以前分の事、質券・見質《げんじち》を論ぜず、本銭を弁ぜずといえども、銭主の沙汰を止め、本主領知を全うすべき也（以下略）〉

　本銭とは元本の事です。つまり借り手（本主）が、元本を弁済しなくても貸し手（銭主）に借金のカタに渡した土地を治めていい、とするものです。利息どころか借金を返さなくても土地を取り返せるというのです。まさに、私たちが知る「徳政令」そのものです。

　二度目の元寇の後の一二八四（弘安七）年、さらに方針は逆転しています。貨幣経済の論理に立ち、所領を売ること、質に入れることを認める追加法が出されているのです。売ってしまった土地は取り戻せませんから、「何がなんでも御家人の土地を守る」という文永十年の「徳政令」を否定する方向を示すものでした。

　では、なぜ、このように鎌倉政権の根幹をなす土地政策が、わずか二十年たらずの間に二転三転したのでしょうか。その根底にあるのは、もちろん、貨幣経済が急速に発展したことでしょう。そして、もう一つ考えられるのは、幕府内に徳政令的な政策をめぐり、深刻な対立があったことです。

　私はこれを「御家人ファースト派」と「統治派」の対立と捉えています。御家人ファーストとは、文字通り御家人の利害を第一に考える、もしくは御家人の利害しか考えない立場です。この立場を代表するのが、先に述べた得宗家に直属する「御内人」のグループでした。御家人の利益を守ることは、得宗家を守ることであり、ひいては自分たちの幕府内での主導権を維持することだったのです。このグループの中心的存在となったのが、御内人のトップである内管領を務めた平頼綱でした。

　これに対して「統治派」は理をまげてまで御家人のみの利益を追求することは、かえって幕府にとってマイナスであると考えていました。自分たちが支配しているのは、御家人だけではない。朝廷や寺社、御家人以外の武士たち、さらには荘園の領民や商人たちも統治の対象であるという自覚です。それは泰時、重時、時頼らが掲げた「撫民」の思想の継承でもありました。この「統治派」の中心は、安達泰盛であり、彼をとりまく北条一門にも共有されていたと考えられます。

　この両者の勢力が拮抗していたために「御家人ファースト派」と「統治派」のオセロゲームのように、土地政策が逆転するのです。

　そこで注目したいのは、時宗の立ち位置です。時宗自身はどういう幕府運営を目指していたのでしょうか。実はこの徳政令をめぐる綱引きの最中に、元寇も起きています。異なる政策を持つ二つのグループを上手く競わせるのもリーダーの手腕のひとつですが、時宗はどうだったのか。時系列をたどって見てみましょう。

源氏将軍の復活

　ここからは、「統治派」と「御家人ファースト派」のいずれが優位に政策をすすめていたのかを念頭に読み進めることにしましょう。

　最初の「徳政令」が出た翌年の一二六八（文永五）年、時宗が執権に、それまで執権を務めていた北条政村が連署に就任します。これまでも時宗は得宗として政務の中心にはいましたが、本格的に政治を行うことになったのです。高麗《こうらい》の使者が元の国書を持って大宰《だざい》府《ふ》に現れたのは、時宗の執権就任の直前でした。そのために急遽、「挙国一致」を図る必要に迫られ、時宗が執権となったのです。

執権となった時宗は、宗尊親王の追放後、将軍職を宗尊親王の子である惟康王に継がせることにします。ここで面白いことが起こりました。惟康は「親王」になることなく、一二七〇（文永七）年に元服したのち、源氏の姓を天皇から賜って「源《みなもとの》惟康《これやす》」となったのです。歴代四人の親王将軍の中で唯一の源氏を名乗る将軍です。

実態は皇族であり、頼朝の直系でもないわけですが、御家人たちにとって「源氏姓」であることには大きな意味がありました。つまり将軍の権威を再構築しようとしたのです。これは、得宗側近である御内人グループではなく、「統治派」安達泰盛らの発想だったと思われます。御家人たちが結集するには、やはり得宗だけでなく源氏の将軍が必要だと考えたわけです。もちろん、得宗権力の絶対化をはかる御内人グループへの牽制という意味もあったでしょう。

この時期、統治派が実権を握っていたことは、「徳政令」を否定する新しい法律が同じ年に出されていることからもわかります。

　しかし、この後、時宗は「御家人ファースト派」に重心を移していったとみられます。一二七一（文永八）年の日蓮の書状には、「貴辺《きへん》（平頼綱）は、当時天下の棟梁なり」との一文があります（『鎌倉遺文』に収録）。前述のとおり、日蓮の周辺には幕府の内情に通じた人々も少なくありませんでした。源氏将軍の誕生で、得宗＝時宗の権威が相対化されることを恐れた御内人グループが、時宗を抱き込んで巻き返したという解釈が成り立ちます。

モンゴルの使者を無視する

　一二〇六年、チンギス・カン（一一六二～一二二七）によって建国されたモンゴル帝国は中国に進出、日本にも朝鮮半島の高麗王朝を仲介役として使者が断続的に訪れていました。当時日本に宛てた国書には「大蒙古国」と記されていました（国号は一二七一年に大元となります）。

「元寇」という呼称があらわすように、かつてはユーラシア大陸に版図を広げた元が、ついに日本にまで侵略の手を伸ばしたというストーリーで語られてきました。しかし、この時期の元の外交姿勢については、杉山正明氏をはじめ東洋史の研究者たちが、新しい視点を提示しました。元が日本に対して送ってきた国書を分析すると、内容は日本との通交を求めるものでその書きぶりも必ずしも居《い》丈高《たけだか》に脅してきたのではなく、丁寧なものだったことがわかったのです。

それを受けて朝廷は、元に対して返書を作成しようと文章博士の菅原長成《すがわらのながなり》による下書きまで作りました。しかし幕府は、それを止めさせます。しかも、止めさせるだけで、自分で返書を作るわけではなく、棚ざらし状態にしたのです。

その後の無為無策からみても、幕府は海外との交渉についてさしたる考えがあったようには思えません。むしろ「朝廷に勝手なことをさせてはならない」という権限争いの面が強く感じられます。この時点で元に対して、何らかの挨拶状を返すなり、使者を送るなり普通の対応をしていれば、ひょっとすると元寇は起きなかったかもしれません。

このような対応は、朝廷との協調を是とする「統治派」によるものとは考えにくい。やはり「御家人ファースト派」によるものでしょう。

元寇は避けられたかもしれないと推測できる理由のひとつは、元が日本にあまり魅力を感じていなかったことです。元から使節としてやってきた趙良弼《ちょうりょうひつ》（一二一七〜八六）が、日本の国情を皇帝のクビライ・カン（一二一五〜九四）に報告しています。彼の報告書には「あの国は、やたらと争いが好きな荒くれものばかりです。さらに土地は痩せていて、耕作しても作物がきちんと育つかどうか。あそこを攻めるのは無駄でございます」という趣旨のことが記されています。

ただし、忘れてはならない視点があります。元に使者を送り、正式な通商関係を樹立する場合、中華帝国の「冊封《さくほう》体制」（中国大陸の王朝を主とする世界秩序）を受け入れる必要がありました。つまり、日本が元のクビライの臣下になることを意味します。

のちに室町幕府の三代将軍足利義満《あしかがよしみつ》（一三五八〜一四〇八）は、中国の明王朝の望む冊封体制に参加しました。その時、義満は「日本国王」と名乗りました。ここで興味深い問題が浮上します。元と国交を結んだとして、その主体は天皇なのか将軍なのか、それとも得宗なのか。幕府がそこまで考えた上で、無視をしたのかはわかりませんが、結果として、冊封体制の拒否という大きな決断になったのです。

三別抄からの救援依頼

日本が使者を無視しているうちにモンゴルは朝鮮半島に本格的に進攻し、高麗王朝を打ち倒しました（一二七〇年）。しかし、高麗の正規軍の三別抄《さんべつしょう》は、国王が元に降伏したことを潔しとせずに、徹底抗戦の構えを見せます。高麗国王の一族を立てて、自分たちの正統性を主張し、朝鮮半島全体で暴れまわったのです。しかし、モンゴル軍の攻勢の前に次第に勢いを失っていきました。

その反乱の最中の一二七一年、三別抄は日本に「我々を助けて欲しい」と援軍を求める使者を送ります。この使者からの書状は、朝廷に届けられました。「高麗牒状《こうらいちょうじょう》」と名付けられたその手紙を読んだ朝廷で、内容を巡っての大激論が巻き起こります。その際に作られたメモが、東京大学史料編纂所に保管されていますが、当時の日本の外交力、諜報能力がよくわかる内容なので紹介します。題名は「高麗牒状不審条々」といいます。

「数年前に来た高麗国王からの手紙は、『モンゴルは偉大だ』とか『徳がある』などと手放しの絶賛だったが、今回はどうもモンゴルの悪口ばかりだ、どういうことだろう」

「前回は年号が書かれていたのに、今回は書いていない」

「援軍を送ってくれと書いてある」

つまり朝廷も状況がまったく理解できておらず困惑していることがわかります。挙句の果てに、文書が正式な形ではないとか、些末なことで議論が紛糾したことも伝わってきます。当時の日本は、正式な国交はないものの、元との貿易は行われていましたし、大陸から僧侶が来日することもありました。きちんと対応しようと思えば、さらに情報を手に入れ、多角的な検討もできたはずですが、それを行った形跡はありません。

その一方で、どうやら元は朝鮮にまで攻めてきている。次は日本ではないのか、という危機感は高まりました。幕府も、九州に所領がある御家人たちに実際に現地に行って防備を整えるように命じています。

二月騒動

元の脅威が迫る中で進められたのが、得宗へのさらなる権力集中でした。時宗政権を脅かす可能性のある危険人物の排除が行われたのです。当時、最も危険な人物と考えられていたのは、六波羅探題南方だった時宗の兄、北条時輔でした。時輔は有能な人物だったようで、京都での評判も悪くなかった。一部の勢力が時輔を担いで、得宗家に対抗する可能性がゼロではありませんでした。そこで時宗たちは、時輔の排除に動いたのです。

一二七二（文永九）年二月に事件が起こったため二月騒動と呼ばれます。まず北条一門の中の鬼っ子である名越氏がターゲットになりました。この時、名越時章と教時の兄弟追討令が出されたのです。ともに幕府中枢で活躍する重要人物でした。先に述べた宗尊親王の鎌倉追放時に、数十騎とともに鎌倉に入り将軍をかばおうとしたのが教時です。『保暦間記』（南北朝時代に成立した歴史書）の記述から紹介しましょう。同書は、『吾妻鏡』が書かれなくなって以降の歴史を見る上で重要な史料です。

〈（二月）十一日尾張入道見西時章、遠江守教時誅《ちゅう》せられ畢《おわんぬ》〉

名越兄弟の謀反の企てが発覚して、討たれたとされています。注目すべきはその後の文章です。

〈見西（時章）は無罪の間、討手大蔵次郎左衛門尉、渋谷新左衛門尉、四《し》方田《ほうでん》瀧口左衛門尉、石河神次左衛門尉、薩摩左衛門三郎等首をはねられ畢。教時が討手は賞罰もなかりけり〉

名越兄弟を殺害してから、時章が「無罪」であったことが発覚したというのです。そして、名越時章を討伐した五人などが「お前らは、罪もない時章を殺したので、死罪だ」と指摘され、すぐに斬首されたというのです。さらに、教時を討伐したものには褒美すら与えられませんでした。

この文章だけを読むと何が起こったのか非常にわかりにくいですが、権力闘争の末に、邪魔な相手に謀反の嫌疑をかけて殺してしまい、あとから実行犯も口封じのため殺すという北条氏のいつものパターンと考えれば理解はできます。つまり、実際に謀反の計画があったかどうかは、問題ではないのです。この時代の「謀反」の基準も現代の感覚とは違います。反乱を起こして得宗の命や地位を狙うことだけでなく、単に幕府の秩序を乱したと取られた時点で「謀反」と呼ばれたのです。

その後、名越氏が守護を務めていた九州の所領が没収され、安達氏や大友氏などの御家人に与えられていますから、この政変、二月騒動を起こした本来の目的はこちらにあったのかも知れません。元との戦いが近づき、軍備の再編を始めたと考えられます。

名越兄弟が討たれた四日後、京都でも異変が起こりました。時輔が討たれたのです。

〈十五日式部丞《しきぶのじょう》時輔も六波羅にて誅せらる〉（『保暦間記』）

時輔とともに六波羅探題だった赤橋（北条）義宗が、兵を差し向けて討伐したとされます。これによって時宗を脅かす存在だった、北条一門の反対勢力が一気に消されました。この二月騒動によって時宗への権力集中が進みます。

本論とは関係がないのですが、このあと不思議な一文が記されていますので、ご紹介しましょう。

〈時輔遁《にげ》て吉野《よしの》の奥へ立入て行方不知《ゆくえしれず》〉（同前）

時輔は、生き延びて行方不明になったというのです。元寇の時に「時輔が蒙古と共に鎌倉に攻めてくる」という噂があったことからも、当時から生存伝説があったことがわかりますが、歴史学の範疇《はんちゅう》ではなくなってしまうので、ここで止めておきます。

いずれにしても、時輔の子孫も世に出てくることはなく、その勢力はここで完全に絶えました。

文永の役

一二七一年、幕府からの命により、対元の最前線の防備を担う異《い》国警固《こくけいご》番役《ばんやく》が誕生しました。海岸線に石築地《いしついじ》（石塁）を築き急造の防衛ラインを構築します。今も一部が博多湾沿いに残されており、私も見に行きましたが、ヨーロッパの高い城壁などとは異なり低いものです。

一方で、九州に所領がない御家人たちにとっては、完全に他人事でした。元寇の際に挙国一致で日本全国の武士が戦ったというのは幻想で、「俺の土地が外国人に奪われる」と目の前の危機を抱えた現地の武士たちだけが真剣になって戦ったのです。

遂に一二七四（文永十一）年十月、元と高麗は日本へ向けて約三万の軍勢を出発させました。これが文永の役のはじまりです。対馬《つしま》、壱岐《いき》を占領し、博多沖に現れたのが十月二十日ころです。

独特の防具に身を固め、「てつはう（鉄砲）」などの火薬兵器を使って上陸する元軍に、鎌倉武士たちは勇敢に戦いを挑みました。己の土地は己で守るのが、御家人たちの鉄則でした。普段は小さな領地争いで裁判などに明け暮れている御家人も、「このままではモンゴル人に土地を奪われる」「もし、上手く戦えば恩賞がもらえるはずだ」と死力を尽くして戦いました。

教科書にも載っている国宝の「竹崎季長絵詞《たけざきすえながえことば》（蒙古襲来絵詞）」には、合戦のシーンが詳しく書き記されています。肥後の御家人である竹崎季長が目撃した現場の雰囲気をぜひ、味わってみてください。

〈葦毛《あしげ》なる馬に紫逆沢瀉《むらさきさかおもだか》の鎧《よろい》に紅《くれない》の母衣《ほろ》かけたる武者、その勢百余騎ばかりと見へて、凶徒（元軍）の陣をかけてやぶり、賊徒追ひ落して、首二、太刀《たち》と長刀《なぎなた》の先に貫きて、左右に持たせて、まことゆゆしく見へしに〉

「ゆゆしく」は、素晴らしいとか天晴《あっぱ》れという意味です。季長は最前線で、仲間が活躍するのを目に焼きつけていました。

元からするとこの第一回遠征は偵察が主な任務だったようで、その日だけしか戦わず、撤退していきました。この際、一日で元の軍勢が帰還したことや大風が吹いたことなどが重なり、「神風」の伝説が生まれます。

「元軍来る」の一報がやっと届いた鎌倉では、同年十一月一日、画期的な追加法が出されます。本所一円地《ほんじょいちえんち》の武士、つまり、現地に在住する御家人ではない武士たちにも幕府は動員令を出すことにしたのです。これまで再三述べてきましたが、幕府は将軍と御恩と奉公の関係で結ばれたもののみが御家人となり、荘園の管理などを行う体制です。御家人のほかに幕府と契約をせずに貴族や寺などと契約している武士は山ほどいたのです。その武士たちは、幕府の命令に従う必要はありませんでした。

ところが、この法によって契約関係にない武士（非御家人）にまで、幕府が命令を下すことができるようにしたのです。「緊急事態」「どさくさ紛れ」などいろいろな言葉が当てはまるでしょうが、幕府は全国の武士の代表者となりました。他にも朝廷や貴族などと事前の交渉なく、荘園の米を荘園主の税ではなく軍事物資として差し押さえることも通告しています。戦時体制において、焼け太りのように次々と幕府は権限を拡大していったのです。

この幕府権力の拡大は、大きな問題を生みました。ことに非御家人を動員したことは、「御家人による政権」という幕府の本質にかかわる問題でした。軍事動員という「奉公」をした者には「御恩」を与える必要が出てくるからです。

それは、もともとの御家人たちの既得権益を脅かすものでした。このような「拡大」政策は、二度の元寇が終わった後に、幕府内で「御家人ファースト派」と「統治派」の間にさらに大きな亀裂を生むことになりますので、のちほど詳しく紹介します。

また、幕府は「異国征伐」として、元軍の一翼を担った高麗への侵攻作戦を計画し、九州の御家人たちに動員をかけましたが、実際に行われることはありませんでした。

御恩奉行と絵詞

二度にわたる元寇、すなわち文永の役（一二七四年）と弘安の役（一二八一年）の間には七年の歳月があります。この時期に起きた幕府内の権力闘争の深化や、朝廷を巻き込んだ争いが、のちの鎌倉幕府崩壊への序曲ともなります。

文永の役の翌年、元は官僚の杜世忠《とせいちゅう》（一二四二〜七五）を使者として日本へ送り、いま一度「冊封体制」に加わるように要求してきます。第一回の示威行為を踏まえ、外交交渉を持ちかけてきたわけです。大帝国らしい、効果的な武力と外交の使い分けといえるでしょう。

ところが、時宗はまたもこれを拒絶します。それどころか杜世忠以下、五人の使者を鎌倉で斬首しています。いくらこの時代でも、使者を一方的に殺してしまうのはルール違反としかいいようがありません。この恐るべき外交オンチぶりが、二度目の元寇を招くことになったのです。

一方、幕府は先にも述べた恩賞の問題で頭を悩ませていました。文永の役では、一応、元の艦隊を追い払ったものの、当然ながら、新たに獲得した領地などありません。武士の所領を配分し、安堵するのは幕府の最重要課題ですから、御恩奉行の安達泰盛は強大な権力を握ることになったはずですが、今回ばかりはむしろ貧乏くじといえる仕事でした。

そうした実情を現代に最も伝えてくれるのが、先にも紹介した「竹崎季長絵詞」です。竹崎季長は文永の役のあと恩賞が満足に得られないことに業を煮やし、九州から鎌倉に出向きます。なんら伝手《つて》もない下級御家人の季長は、当初は相手にされなかったのですが、二カ月ほど粘った末に安達泰盛と対面する機会を得ました。のちに、そのときの顚末を描き子孫に伝えたのが、「絵詞」でした。

やりとりを、「絵詞」から引用しつつ、再現しましょう。

季長は、「先駆《さきが》け（最初に敵に突っ込むこと）をした勲功が鎌倉に正しく伝わっていないのではないか」と訴えます。すると泰盛が聞き返します。

「分捕《ぶんどり》、討死の候《そうろう》か（敵の首を取るか、討死があったのか）」

当時は戦いの最中、討死することも手柄とされていました。季長は答えます。

「討死、分捕は候はず（いえ、そういうことはございませんでした）」

季長は、手柄とされる敵の首を取ってはいませんでしたし、当然ながら本人は討死していませんでした。泰盛は、

「候はでは、合戦の忠をいたし候はぬ（それでは、合戦で忠義を示したとはいわんぞ）」

とあまり大きな手柄を立てたわけではない季長を諭しました。しかし、季長は粘ります。

「先《さき》をし候て、一番に付き候（ですから、私は先駆けをしたのです）」と、「先駆け」の一点突破で繰り返し恩賞が欲しいと訴え続けました。「先例がないから」と渋る泰盛に、「外国との戦に先例はございません」と切り返す、なかなかのタフネゴシエーターぶりを示します。最後は泰盛が「時宗様に呼ばれているので」とその場を切り上げて対面交渉は終わります。

貧乏御家人の必死さに打たれたのか、泰盛は季長に恩賞を与えることを約束しました。しばらくして、泰盛を訪ねた季長は褒美の土地をもらえただけでなく、特別に馬まで与えられました。

ここで面白いのは絵巻物の最後に記された詞書です。そこには、「泰盛の御事」として「褒美をもらった百余人のなかで、直《じか》に下文《くだしぶみ》をくださり、馬までくださったのは、私だけだ」とわざわざ書かれています。もちろん、「君の御大事あらん時は、最前に先を懸《か》くべきなり」として、将軍への忠義を忘れないように、と書いています。

しかし、季長のように恩賞を与えられたのはごく一部にすぎません。元と戦った西国の御家人のほとんどは遠い鎌倉に押し掛けるようなこともできず、不満を募らせていきました。その怒りの矛先は、御恩奉行といいながらロクに御恩をくれない安達泰盛に向いていったのです。

両統迭立

そこに持ちあがったのが、一二七五（建治元）年の京都の政変でした。文永の役の翌年のことです。

非常にややこしい顚末ですが、後に鎌倉幕府を倒すことになる火種を生んだ大事件ですので、少し時間を遡ってみてみましょう。

一二四六（寛元四）年、後嵯峨天皇は皇太子の久仁《ひさひと》親王（後深草天皇、一二四三〜一三〇四）に天皇を譲り上皇となりました。この後嵯峨が幕府の強い意向で即位し、後も幕府と良好な関係を築いてきたことは先にも述べた通りです。問題はこの先です。上皇となって院政を行ううちに、後嵯峨は後深草の弟にあたる恒仁《つねひと》親王（一二四九〜一三〇五）を可愛がるようになり、天皇の地位につけたいと考えたのです。

そして、一二五九（正元元）年に、「治天の君」の力を使って後深草天皇を退位させ、恒仁親王を天皇にしました。亀山《かめやま》天皇の誕生です。さらに亀山天皇の皇子である世仁《よひと》親王（後宇多《ごうだ》天皇、一二六七〜一三二四）が皇太子と決めます。そして後嵯峨上皇は一二七二（文永九）年に崩御するのですが、ここでやっかいな問題が遺されました。後嵯峨は自分の次の「治天の君」を、幕府に任せますとして正式に後継指名しなかったのです。というのも、この時点で後深草はすでに上皇となっているため、次の「治天の君」となってもおかしくはありません。しかし、天皇、皇太子は亀山系で継承することがきまっています。後嵯峨上皇の意思は明らかだと誰もが思いました。

亀山天皇は世仁親王に譲位し院政を開始しました。兄である後深草上皇を差し置いて治天の君となったのです。

ところがここで、排除された後深草上皇が「自分は上皇の肩書もいらない。出家する」と抗議の声をあげます。しかも一二七五年、時宗はなんと後深草上皇の意向を全面的に採用してしまう。すなわち、後深草上皇の皇子である熙仁《ひろひと》親王を後宇多天皇の皇太子と決めました。こうして皇統は、亀山系（大覚寺統）から後深草系（持明院統）へと移ることになってしまいました。いわゆる両統迭立《てつりつ》のはじまりです。

なぜ、幕府はこれまでの流れに反するような決定をあえてしたのか。私は、幕府の狙いは皇統を二つに分けてしまうことで、朝廷の力を削ぐことにあったと考えます。

さらにいえば、後嵯峨上皇―亀山天皇のラインとは、幕府内では「統治派」の極楽寺重時、安達泰盛が深い協力関係を築いてきました。亀山系を退けることは、安達泰盛たちの政治力を削ぐことにもつながります。ちなみに「御家人ファースト派」平頼綱はこの後も、皇統の決定に介入し続けます。その詳細は、貞時の時代となってから改めて述べます。

怒濤の政変

さらに、翌一二七六（建治二）年から立て続けに「統治派」の失脚が相次ぎました。これも御家人ファースト派が実権を握ったことを示しています。まず安達泰盛の弟で、評定衆の一員であった安達時盛《ときもり》が所領を没収され引退に追い込まれました。その翌年の一二七七（建治三）年には、北条政村亡き後、幕府のナンバー2だった連署の塩田（北条）義政が三十六歳の若さで引退し、信濃の塩田庄に隠遁します。義政の父は極楽寺重時ですから、得宗を支える重要な柱の一つだったはずです。失脚の理由はわかっていませんが、この時の状況を伝える史料が遺されています。

同年四月に御家人の渋谷定仏《しぶやじょうぶつ》が出した書状です。そこには得宗家すなわち時宗に仕えているはずの自分の三人の息子が、「定仏の命に背き、他の御方（塩田義政）に参じ候の間、永く不孝仕り候了、自今以後、父子の儀あるべからず候」と書かれています。定仏の息子が親の命に背いてまで、塩田側についたと嘆いていることからも、得宗と塩田義政が対立していたことがうかがえます。

大陸に目を転じると、一二七九年に抵抗を続けていた南宋が、遂に元によって滅ぼされます。日本に元の矛先が向かう危険性はますます高まりました。

ちょうどこの頃、師である蘭渓道隆が亡くなり、新しい師を探していた時宗は、無及徳《むきゅうとく》詮《せん》と傑翁宗英《けつおうそうえい》の二人の僧を大陸に派遣します。そして、交渉の結果、無学祖元《むがくそげん》（一二二六〜八六）が来日しています。蘭渓道隆も無学祖元も南宋の禅僧でした。無学祖元は修行中の寺に、モンゴル兵が押しかけ刃を突きつけたのを「臨刃偈《りんじんげ》」という詩を口にして難を逃れたという伝説の持主でした。

　彼ら南宋からの亡命僧は、宗教的な教えに留まらず、世界情勢を含めさまざまな知識を伝えました。弘安の役のひと月前に、無学祖元が元の来襲を予言し、時宗に「思い悩むなかれ」という書を渡したという伝説も残されていますが、時宗が彼ら禅僧から元の状況などについてアドバイスを受けていたことは十分考えられます。

弘安の役

　南宋を滅ぼしたフビライは、改めて日本に使者を送りますが、これも博多で斬首されました。慎重に日本進攻を検討してきた元は、いよいよ一二八一（弘安四）年五月、対馬、壱岐を襲います（弘安の役）。前回の日本攻撃時と同様、朝鮮半島を軍事基地とした東路《とうろ》軍は約四万人、さらに降伏した南宋の兵などを中心にした江南《こうなん》軍は約十万人であったともいわれています。この江南軍は鋤《すき》や鍬《くわ》などを大量に船に積んでいましたから、日本占領後、定住を目論んでいたのです。

　六月、東路軍は博多の志賀島《しかのしま》付近に達したため、幕府軍と戦闘に入ります。幕府軍は徹底抗戦して上陸を諦めさせました。結局、七月になって肥前の平戸島付近で、江南軍と東路軍が合流することになります。この大軍はなぜかひと月近くここに留まり、七月末に東進を開始します。

　肥前の伊万里《いまり》（現在の佐賀県）付近まで攻め進んだところで、暴風雨が到来しました。古来さまざまな研究がありますが、台風であったことは間違いないでしょう。幕府軍は総大将の金沢（北条）実政《さねまさ》（のち鎮西探題、一二四九～一三〇二）を中心に、少弐氏、大友氏らの御家人が防衛体制を作っていましたが、合計十四万の大軍が押し寄せてきた場合は、どこまで持ちこたえられたかわかりません。幕府にしてみれば、まさに「神風」だったわけです。

　二度の「元寇」の経緯をたどってみて不思議なのは、鎌倉幕府の危機感の薄さです。一門を九州に派遣してはいるものの、本来、総大将となるべき時宗が鎌倉を動いていません。国運を左右する戦いなのですから、最前線の九州とは言わないまでも、せめて京都くらいには出て行って、六波羅で指揮を執るべきではなかったか。そのほうが情報の到着も早いのは、誰でもわかることです。朝鮮半島で戦われた近代の日清戦争（一八九四〜九五年）ですら広島に大本営を設置しました。明治天皇以下政府の閣僚や政治家までも「出陣」して、帝国議会も広島で開かれています。

これまで見てきたように、義時や泰時は最前線での戦闘を経験して、卓越した軍事指導者であることを示し、そのリーダーとしての地位を築いてきました。時宗はリーダーとして「戦う」姿を見せるべきだったのです。

では時宗は鎌倉で何をしていたのでしょう。元の襲来の最中から、全国の寺社に「異国降伏《ごうぶく》の祈《き》禱《とう》」を命じています。その結果、敵を呪い殺すための呪詛《じゅそ》が、各地で行われました。同様のことは朝廷も行っていました。元軍が去ると寺社は祈禱の内容を書類にして幕府に提出し、祈禱にかかった費用に加えて「恩賞」を求めます。記録によれば恩賞は、銭や米の場合もあれば、荘園の寄進、建築物の改築や修繕費用などさまざまな形で支給されています。

これを幕府の「朝廷化」と見ることもできるでしょう。また、幕府による形を変えた寺社政策と考えることもできます。

泰盛の徳政

文永の役同様、弘安の役でも恩賞は大問題となりました。先にも述べたように今回の戦いでは、御家人ではない本所一円地（現地）の武士たちにも動員をかけたため、その処遇はさらに難しくなりました。

今回、安達泰盛は非御家人を恩賞の対象として認めます。本所一円地の武士への恩賞は、新しい御恩と奉公の関係を生むことになりました。泰盛はこれまで幕府とは無関係だった武士を御家人として取り込むことで、幕府の土台をかためようと考えたのです。

現代の私たちは、元の日本侵攻作戦は二回で終わったという歴史を知っています。しかし、当時の武士たちには元はまた来るかもしれないという危機感がありました（実際に三回目の日本遠征の可能性はありました）。泰盛はこれをむしろチャンスととらえ、臨戦態勢を継続し、幕府の在り方を変えてしまおうと目論んだのです。いわば「オール日本」の国防体制でした。

それはもともと関東ローカルの政権として出発した幕府を、真の全国政権にバージョンアップしようとする試みでした。頼朝の開いた幕府が「鎌倉幕府1・0」、承久の乱で朝廷を打ち破り西国進出を果たして以降を「鎌倉幕府2・0」とするなら、元寇という外からの脅威に対応した安達泰盛は、「鎌倉幕府3・0」を目指していたといえるでしょうか。

しかし、平頼綱らにすると、これは極めて危険なことでした。これまで南関東四カ国の出身か、かなり早い時期に幕府に仕えたもののみを「御家人」という特別な身分にして、さまざまな特権を手にしてきた。新しい人が御家人に参入すると、もとからいる人々の取り分が減り、既得権益を手放す必要があったからです。泰盛たちは、幕府本来の姿を破壊しようとしている――「御家人ファースト派」の見方は、少なからぬ御家人たちには説得力を持つものだったと思われます。

興味深いのは二回目の元寇である弘安の役の後、今度は「統治派」が主導権を握ることになったことです。

泰盛を中心として弘安の役の戦後処理が進められていたタイミングで打ち出されたのが、先にも登場した、一二八四（弘安七）年の「所領を売ること、質に入れることを認める」追加法です。

これは土地を「商品」とみなす貨幣経済の論理をもつものであり、「御家人たちだけ良ければ、それでいい」という考え方の否定でもありました。また、一二八一（弘安四）年ころから、幕府の中枢に泰盛に近い人間が集まるようになります。評定衆の子の宗景《むねかげ》（一二五九〜八五)、引付頭人の金沢(北条)顕時《あきとき》(泰盛の娘婿、一二四八〜一三〇一)、引付衆の時景《ときかげ》(泰盛の弟、一二五三?〜八五)などが該当します。人事面でも「統治派」の拡大が目立つようになります。

　安達泰盛を中心とする「統治派」の勢いが盛り返してきたのは、元の大軍が九州に上陸するという真の国難に対して、もはや御家人だけでは対応できないというリアルが明らかになってしまったからでしょう。その意味では元寇という「外圧」が、安達泰盛のラジカルな、それだけに(御家人の)痛みを伴う改革路線を進めさせたのだと考えられます。

時宗とは何だったのか

　そこでリーダーとしての時宗の評価ですが、この章のはじめにも少し論じた通り、私は高い評価を与えることができません。それは、外交の失敗などもさることながら、世襲の原理でトップに立ったものの、自らの判断を示すこともなく、「御家人ファースト派」と「統治派」の争いにおいて、勢いのある方に従っただけに見えるからです。再三にわたる政策の大きな揺れ動きは、時宗のリーダーシップの欠如を示しています。しかし、それも得宗専制体制というシステムが固まりつつある中では、自由に身動きが取れなかったのかもしれません。

一二八四（弘安七）年、以前から体調を崩していた北条時宗が三十四歳の若さで亡くなります。時頼、時宗と得宗が三十代の若さで立て続けに亡くなったことが、その後の幕府に大きな影響を与えました。

私には、時宗の死によってはじめて、彼が幕府において果たしていた役割がはっきり見えてきたように思えます。時宗が存命のうちは安達泰盛にしても平頼綱にしても、基本的には、政権における主導権争いのレベルにとどまっていました。しかし、時宗という重しが外れた瞬間、両者の対立は一気に殺し合いに発展したのです。それがこのあとに述べる霜月騒動でした。時宗に両者の争いを収めるだけの力はありませんが、それでも得宗家のサラブレッドであることは派閥のバランスを取る役割としては機能していたのです。

独裁化する得宗

時宗の後継として九代執権となったのが、弱冠十四歳の嫡男、北条貞時でした。

北条貞時の母は安達泰盛の娘、乳母の夫が平頼綱でした。つまり、外戚系と乳母系が幼い当主への影響力を競うという、ファミリー内での争いになります。

　貞時の時代を研究者は得宗専制と呼びますが、興味深いのは得宗家に権力が集中すればするほど、肝心の得宗本人（貞時やその子の高時）の個性が見えにくくなってしまうことです。時宗のところでも述べたように、得宗家の嫡男でありさえすれば、幼少だろうと、無能だろうと、資質は問われません。「得宗家は何故、偉いのか？」「偉いから偉いんだ」というわけです。世襲原理の怖さはここにあります。世代継承が安定しすぎてしまうと、「競争」とか「向上」が失われるのです。そうすると得宗個人の思想信条が政策に反映されるわけではなくなります。重要なのは貞時を支えるグループになります。トップが単なる御輿《みこし》にされて、それを支える人々が好き勝手を行う。これも日本型組織に見られる現象ではないでしょうか。

　貞時に執権が代わっても、はじめは安達泰盛ら「統治派」主導の改革が進められます。この時期の泰盛主導の政治を「弘安徳政」と呼びます。この徳政は、徳政令ではなく「徳」のある政治という意味です。

　時宗の死後、一二八四（弘安七）年五月に安達泰盛によって「新式目」が出されました。その中で、得宗の心構えとしてはっきりと御内人が裁判などの公的な仕事に介入することを禁じています。さらに、本所一円地の武士たちをいかに幕府の中に取り込むかも書かれています。安達泰盛がどのような思想を持っていたかを明示した数少ない史料といえます。

ところが、その直後から、北条一門や有力御家人を巻き込む不穏な動きが起こります。六月に六波羅探題南方の佐介（北条）時国《ときくに》（一二六三〜八四）が失脚し、常陸に流され殺されます。同時期に佐介時国の親族だった足利家時《いえとき》（尊氏の祖父、生没年不詳）が、突如、自害しています。これも、佐介一門の罪に連座したものと考えられます。さらに同年八月には、同じ佐介系の北条時光も失脚します。

こうした動きは、翌一二八五（弘安八）年になるといよいよ安達泰盛の一党に及びます。それが同年十一月に起きた霜月騒動でした。

霜月騒動

この霜月騒動は、幕府の行く末を決めた重大な事件でありながら、史料がほとんど残されておらず、詳細はよくわかっていません。しかし、私はこの霜月騒動こそ幕府の命運を決した事件だと考えています。

〈泰盛頼綱中悪《なかわるく》して互に失はんとす。共に種々の讒言《ざんげん》を成程《なすほど》に〉（『保暦間記』）

数少ない史料には、この年の春ごろには、泰盛と頼綱の関係は決定的に崩壊しており、執権の貞時に互いの讒言をしあっていたと書かれています。そして、『保暦間記』によるとついに安達氏を排除するにいたる引き金となったのは、泰盛の嫡男宗景《むねかげ》だったとされています。

〈曾祖父景盛入道は右大将頼朝の子成《なり》ければとて、俄《にわか》に源氏に成けり〉（同前）

「曾祖父の景盛が頼朝の子だからといって、宗景が突然、源氏を名乗るようになった」というわけです。つまり、北条得宗家よりも上であり将軍にもなれると言い出したことになるのですが、どう考えても無茶なでっち上げです。宗景の父、泰盛は惟康王を源氏にして源氏将軍を復活させた人物ですから、そんなことを許すはずもない。「御家人ファースト派」による、まさに讒言だといえます。

十一月十七日、異変を察知していない泰盛に、頼綱の手勢が襲い掛かります。泰盛も応戦し、六時間にもわたる市街戦となり、御所にまで火の手が上がったといいます。奮戦したものの、最後に安達泰盛は討たれ、さらに子の宗景、弟長景《ながかげ》など安達氏の本家一族はことごとく殺されました。安達一族の大曾禰《おおそね》宗長《むねなが》、大曾禰義泰《よしやす》、二階堂行景《ゆきかげ》、武《む》藤景泰《とうかげやす》（いずれも引付衆）など、幕府中枢にいた安達派も狙われて、殺されるか、自害に追い込まれています。この騒動で五百名以上が亡くなったとされます。先手を取った「御家人ファースト派」の勝利でした。

その余波は地方にも波及し、各地の泰盛派も一掃されることになりました。有力御家人でいえば、泰盛の母の出身である信濃の伴野氏（小《お》笠原《がさわら》氏の分家）が粛清されています。かつて、義時の時代に滅亡した平賀氏の所領を受け継ぎ、八千貫といわれる裕福な所領を持つ一族でした。当主で泰盛の従兄弟にあたる伴野長泰《ながやす》たちは鎌倉で殺され、その息子の盛時《もりとき》も信濃の領地で自害しています。もし生き残っていたら、「伴野将軍」すらありえたほどの源氏の名門が滅亡したことになります。

九州では鎌倉の政変に地元の有力御家人の少弐《しょうに》氏のお家騒動が重なり大きな合戦に発展します。少弐家の当主で鎮西奉行《ちんぜいぶぎょう》であった少弐経資《つねすけ》（兄）は平頼綱側に、元寇の際に敵将を討ちとるなど大活躍した少弐景資《かげすけ》（弟）は安達泰盛側につきました。経資は同じく鎮西奉行の阿蘇（北条）時定（時頼の同母弟）と共に筑前、豊前、肥前の御家人を中心とした大軍を編成します。追い込まれた景資は岩門《いわと》城に立てこもり自害しています（岩門合戦）。泰盛の子で、父に代わって肥後の守護代を務めていた安達盛宗《もりむね》も、この戦いで戦死しています。このような全国規模の広がりを見ていると、霜月騒動は事実上の内戦でもあったということができるでしょう。

流人時代の頼朝と苦楽を共にし、時頼、時宗時代には外戚として力を振るった安達氏はここに滅びました。鎌倉幕府を非御家人をも糾合した「オール日本」の政権にするというヴィジョンも、安達泰盛というリーダーとともに消失してしまうのです。

頼綱による安達氏粛清は圧倒的なスピードで進みました。それは、泰盛の行っていた旧来の御家人の権益を脅かす政策がいかに反発を生んでいたかを表しています。頼綱側に加わったのは、中小の御家人たちでした。

このようにして安達氏は滅亡し、御家人たちの支持する平頼綱の独裁政治が始まります。それは、「幕府は御家人の利益が第一である」という以外の政策が事実上、不可能になったことを意味します。この霜月騒動から鎌倉幕府はまだ四十年以上続きます。しかし、私は、事実上、この時点で鎌倉幕府はその使命を終えたと考えています。

頼綱の政治

頼綱による安達一派への粛清は続き、評定衆と引付衆の半分近くが消えるという鎌倉幕府史上もっとも苛烈な政変となりました。一門の重鎮だった金沢顕時は、妻が泰盛の娘だったため身の危険を感じて出家しています。安達泰盛に与《くみ》した人々の領地はことごとく没収され、各地で恩賞として分配されました。元寇で手柄を立てた（と思っているだけの人も含む）人たちは、御恩奉行の安達泰盛からの沙汰がなく、恩賞が滞っていることが不満でした。泰盛にしてみると、与えられる土地がないから配分のしようがありません。しかし、安達一派が消えたことで、与えられる土地が増えたため問題は一気に解決しました。さらにそれを分配するのは得宗ですから、貞時に対する「御恩」が強まったことになります。

　頼綱は「泰盛の改革」を否定する政策を次々と行っていきました。本所一円地の武士を御家人とすることは、もちろん停止されます。また、朝廷にも徹底的な締め付けを始めます。貴族の三条実躬《さんじょうさねみ》（のち権大納言、一二六四～？）は、安達泰盛が滅んだのち、平頼綱が政務を取り仕切り「諸人《もろびと》、恐懼《きょうく》の外《ほか》、他事《たじ》なく候《そうろう》」（人々は恐れおののくしかなかった）と日記『実躬卿記』に記すほど、その暴走ぶりは、全国に鳴り響いていました。

　安達泰盛のプランによって源氏姓の将軍となっていた源惟康は、今度は頼綱により親王宣下《せんげ》が行われ、惟康親王となりました。通常、親王とは天皇の皇子に与えられる称号で、天皇の孫（父が親王）には与えられませんが、それでも強行されました。源氏将軍の復活は、得宗中心主義者の頼綱にとって否定されるべき政策だったのです。

安達一派の排除により空いた評定衆、引付衆のポストには、当然、「御家人ファースト派」がつくわけですが、ここで皮肉な事態が生じます。もともと得宗家の家来に過ぎず出自も明らかでない頼綱は、家格が低かったため、そのいずれにも就任できなかったのです。ここに非常に複雑な構図が生まれました。すなわち将軍を補佐する執権（得宗）の私的な家来が、幕府の中枢の役職を務めることなく政治を動かす時代となったのです。いってみれば、中国の宦官《かんがん》のような究極の側近政治となったのです。

頼綱が参加できたのは寄合衆だけでした。もともとは、経時や時頼のころに作られた得宗の諮問機関「深秘御沙汰」が発展したものです。当初はごく少数の親族や幕府幹部が集まって重要政策を決める場でしたが、公的な機関でなかったため、得宗から重用された御内人も参加可能でした。頼綱はこれを利用し、幕府の政策決定の最高機関にしてしまったのです。現代日本でいえば、首相官邸に家族や個人秘書が集まり、それが、最高意思決定機関になったと考えればわかりやすいでしょうか。

また、朝廷に対しても頼綱は体制の一新を図ります。一二八七（弘安十）年、かねてからの計画通り、亀山系の後宇多天皇に替えて、後深草系の熙仁《ひろひと》親王を践祚《せんそ》（天皇に即位すること）させたのです。安達泰盛に近かった「治天の君」亀山上皇は関東に使者を送り、撤回を求めますが、幕府はそれを無視しました。熙仁親王は、伏見《ふしみ》天皇（一二六五～一三一七）として即位し、後深草上皇が治天の君となって新しい院政がスタートします。

高い官職もない一介の御内人がついに天皇の地位すら動かすことになったのです。後深草上皇は、常に幕府の顔色をうかがって、自らの評定衆の人選など事あるごとに相談をしています。幕府、いや頼綱にとってこれほど都合のいい上皇はいませんでした。頼綱は自身の息子である飯沼資宗《いいぬますけむね》（一二六七～九三）を検非違使《けびいし》や安房守に任官させています。自らの家格を上げるために朝廷の権威を利用しようとしたのです。

平禅門の乱

しかし、こうした頼綱（平禅門《へいぜんもん》）の専横も長くは続きませんでした。頼綱の前に立ちはだかったのは、誰あろう主君の北条貞時です。二十歳を越え、得宗として自覚を持ったと考えた方がわかりやすいかもしれません。

一二九三（正応六）年四月、貞時の命を受けた武士たちが、鎌倉・経師ヶ《きょうじが》谷《やつ》の頼綱の館を取り囲みます。最大にして唯一の権力基盤だったはずの得宗に見限られ、頼綱は、もはや弁解の余地なしと判断して自害しました。父に寵愛されていた飯沼資宗も同時に討たれています。

ただし、この貞時の頼綱排除は、幕府の方向性を大きく変えるものではありませんでした。単に頼綱の独走ぶりが気に入らないという程度のものでしかなかったからです。それを証明するかのように、名実ともに最高権力者となった貞時が取った政策は、頼綱のそれを踏襲したものが少なくありません。

貞時の政権は、平頼綱によって圧倒的に強化された得宗専制体制をそのまま引き継いだものでした。しかし、貞時にはその強大な権力をどう生かしていくのかというビジョンはありませんでした。

それがよく表れているのが、幕府内の人事です。霜月騒動で滅ぼされた安達家の復興が認められ、泰盛の弟の孫にあたる安達時顕《ときあき》（?〜一三三三）が幕府に取り立てられます。さらに、平頼綱の一族も復権します。頼綱の弟とも従弟とも伝わる長崎光綱《ながさきみつつな》（?〜一二九七）、その子である円喜《えんき》（?〜一三三三）が内管領になって権勢をふるうことになります。引付衆は廃止され、貞時の影響力が強い執奏《しっそう》が新設されます。霜月騒動で失脚した金沢顕時が、大仏宗宣《むねのぶ》（のち連署、執権、一二五九〜一三一二）とともにその職に就きますが、その執奏もほどなく廃止されまた引付衆が復活しています。つまり、何ら方針が定まらず、単に前例に従って安達や頼綱系を復活させたり、場当たり的な機構改革が行われていったのです。

余談ですが、同時代の『醍醐寺日記』という史料に面白い記述があります。

〈杲然《こうぜん》ならびに飯沼左野左衛門入道、一所において自害の由〉

杲然は杲円《こうえん》の誤りで平頼綱のことです。次の飯沼は頼綱の子の飯沼資宗のことでしょう。注目すべきは、ともに自害した左野左衛門入道なる人物です。おそらくこの人物が、時頼の章で紹介した「鉢木」に出てくる佐野源左衛門常世のモデルなのだと考えられます。「鉢木」では、佐野が一族に騙され土地を奪われたとありますが、上野の佐野周辺は安達氏の領地でした。そこから推測できるのは、以下のような事情です。実在の佐野源左衛門（左野左衛門入道）は、一族に騙されて土地を取られてしまった。その一族の裏には、本拠地の上野で自派の拡大に努める安達氏がいた。しかし、得宗時頼によって何らかの裁定があり、佐野は先祖代々の土地を取り戻すことができた――。

その恩義から左野左衛門入道は御内人になり、必然的に得宗第一主義の「御家人ファースト派」となった。そして、平頼綱と共に恨みのある安達氏ら「統治派」と戦い続けたのではないか。そして、最期は平頼綱と共に自害していった。そのように考えることができるのです。

永仁の徳政令

貨幣経済という、それまでの御家人のあり方では対応できない変化と、いつまた元が来襲するか分からないという海外からの脅威、貞時とそのブレーンたちは、何か対策を打たなければならないはずですが、現実を正面から見ようとはしませんでした。貨幣経済への対応策として、彼らが打ち出したのが、教科書などでも有名な永仁の徳政令です。

その内容は、

「御家人は土地の売り買いを禁止」

「借金のカタになった土地の権利は御家人のもとに返しなさい」

「一度、判決が出たら再審はできない」

借金を返さなくても、土地の権利が御家人に戻ってくるのですから、実質的に、御家人は借金を返さなくてもよい、といっているようなものです。しかも、裁判はするけれど、一切、不服は受け付けないと宣言しています。これでは御家人との土地争いなど訴えるだけムダというものです。つまり、これまで見てきた「御家人ファースト派」の政策をさらに進めたものでした。一二九七（永仁五）年に出された永仁の徳政令は、幕府滅亡まで取り消されることはありませんでした。

貞時には頼綱を排除した段階で、二つの選択肢があったはずです。一つ目は泰時、時頼が行ったように、自分の分け前を減らしてでも、みんなを豊かにする政策。二つ目は文句があるやつは全部潰せるだけの力を得宗が持つ政策です。貞時たちは後者を選びました。

各地の荘園も次々と北条一族が治めるようになり、諸国の守護も独占するようになっていきます。北条氏は、かつての平家を凌駕するような莫大な富を手に入れることになります。極楽寺、赤橋、大仏などの一族が発展し幕府の評定衆や引付衆、寄合衆になるような一門は、誰もが大きな領地を持った豊かな者ばかりです。当然ですが、富と権力の集中は恨みの集積にもつながります。まさに平家のたどった道筋ですが、北条氏の面々には、それが見えていなかったようにも感じます。

嘉元の乱

そこで起きたのが北条氏同士の「内ゲバ」でした。一三〇五（嘉元三）年の嘉元《かげん》の乱です。今度は一族間で、パイの奪い合いが始まったのです。この時すでに、貞時は出家し、娘婿で従兄弟でもある北条師時《もろとき》が十代執権、連署は北条時村《ときむら》（政村の子で師時の叔父）の体制となっていました。貞時は一門のなかでも比較的血縁が近い人物に、嫡男高時《たかとき》（一三〇四～三三）までの中継ぎをさせたのです。

　この時、秘かに執権への野心を抱いたとされるのが北条宗方《むねかた》（貞時の従兄弟）でした。宗方は六波羅探題北方や評定衆を歴任した有力者です。『保暦間記』を読むと「貞時が内の執権」つまり内管領も務めていたとあります。本来なら宗方は北条一門であり、間違っても得宗家の家来ではありません。

　四月、侍所別当の宗方が突如として兵を集め、「貞時の命令」として、連署の北条時村の館を襲います。この襲撃によって時村が殺されます。連署が身内によって殺されるという前代未聞の事件です。ところが翌日になると、襲撃は貞時の命令ではなかったことが発覚します。そして、「偽命令で、何も悪くない時村を殺した」として、襲撃に参加した御家人や御内人たち十二人が斬首されます。

　また貞時の命も狙われたとの噂もあり、すべては宗方による陰謀であったと貞時や師時が判断します。そして、貞時の命令で正式な追討軍が編成され、宗方は御家人の佐々木時《とき》清《きよ》によって討ち取られました。京都の貴族も一報を聞いて「凡《おおよそ》珍事《ちんじ》々々」（『実躬卿記』）と思わず書いたこの事件が、果たして宗方一人による陰謀だったのか、本当に「貞時の命令」はなかったのか、実際のところはわかりません。命令は本物で、形勢が悪いと考えた貞時が、宗方に責任を押し付けて土壇場で切り捨てた可能性も否定できません。そうなると、いつもの北条氏の手口とも考えられます。

いずれにしても、この嘉元の乱をいくら細かく分析しても、浮かび上がってくるのは、政権の空虚さだけです。そこには何の政策的対立もなく、誰が死んでも大勢に影響はありませんでした。かつて中世史研究者の黒田俊雄氏は、「すべて行きづまってくると、権力欲の争いもくだらないやりかたになってくる」（『日本の歴史8　蒙古襲来』）と一言でこの事件を切り捨てていますが、それは今でも正しい分析だと思います。

この空虚さは、貞時個人の空虚さにもつながります。貞時は政治への情熱を完全に失い、金沢貞顕の書簡に「連日御酒、当時何事もさたありぬとも覚えず候」とあるように、酒浸りの日々を送ります。一三一一（応長元）年、貞時は亡くなりました。四十一歳でした。

第六章　北条高時——得宗一人勝ち体制が滅びた理由

高時は暗愚な得宗なのか？

一三一一（応長元）年に貞時が亡くなってから、ついに北条氏最後の得宗となった北条高時《たかとき》の時代が始まります。父は北条貞時、母は覚海円成《かくかいえんじょう》（生没年不詳）で、安達泰盛の甥の娘にあたります。平頼綱の失脚で安達氏が復権し、「外戚は安達氏」の伝統に則ったため、彼女が貞時の妻の一人となったのです。

この高時は、とかく評判が悪い人物です。それには、まともに政治を行わず田楽《でんがく》や闘犬にうつつを抜かす姿を描いた『太平記』の影響が大きいでしょう。愚かな君主が幕府を滅ぼしたという、王朝崩壊にありがちなストーリーにうまくはめこまれているともいえるでしょう。むしろ、幕府の行き詰まりの方が、高時個人の評価を下げた面は大きいと思います。

どんなに君主が愚かだったり、病気がちや幼少であっても、きちんとした側近が支えていれば、政治は問題なく動いていくはずです。ところが、鎌倉幕府もこの時期になると、完全な思考停止、機能不全の段階に突入していました。

高時の後見人として政務を仕切ったのは、父の貞時が抜擢した長崎円喜と安達時顕（高時の妻の父）です。

安藤氏の乱

高時は一三一六（正和五）年に執権に就任します。源頼朝の奥州征伐以来、あまり注目されてこなかった陸奥、蝦夷に注目が集まったのは一三二〇（元応二）年頃のことでした。東北地方の蝦夷が蜂起したのです。さらに一三二二（元亨二）年には蝦夷地や陸奥を治めていた安藤《あんどう》氏の跡目相続が混乱状態になります。安藤氏は、十三湊《とさみなと》（現在の青森県）などを統括している御内人でした。『保暦間記』には、この安藤氏の乱の原因が内管領の長崎高資（円喜の子）にあったと記します。

〈此両人相論《そうろん》する事あり。高資数々賄賂を両方より取りて、両方へ下知をなす〉

跡目を争った安藤季長《すえなが》と安藤宗季《むねすえ》は内管領の長崎高資のところに話を持ち込みました。高資は相談をしてきた双方から賄賂を受け取り、その上でそれぞれに都合のよい応答をしたため、混乱に拍車がかかったというのです。

〈高資政道《せいどう》不《ふ》道《どう》に行ふにより、武威《ぶい》も軽く成《なり》、世も乱れそめて、人も背《そむ》き始《はじめ》し基《もとい》成けり〉（同前）

幕府の滅亡の原因として長崎円喜・高資親子の悪政を絡めて書いているわけで、割り引いて読む必要があります。それでも、幕府が調停に失敗したことは間違いありません。この争いは、裁定に不満をもつ安藤季長の反乱に発展し、幕府は追討軍を派遣することになります。一三二八（嘉暦三）年、和睦するまで反乱は続きました。

後醍醐天皇の登場

鎌倉で高時が表舞台に立ったのと同じころ、朝廷では、日本史上に残る強烈な個性をもった後醍醐天皇が登場します。

皇国史観の時代においては、後醍醐天皇は天皇親政を復活させた中興の祖としてきわめて高く評価されていました。というよりも、それ以外の見方は許されなかったといっていいでしょう。戦後になってからも、今度は建武の新政を自ら行った「改革者」として、「後醍醐天皇は革新的で、さまざまな改革を試みたが、その意味を理解しない武家によって改革は挫折した」とされたのです。私は、そこまで高く後醍醐天皇を評価していません。その理由はおいおい説明していきますが、そもそもの倒幕計画自体が、後鳥羽上皇のそれと比べると、あまりに杜撰《ずさん》です。幕府内にシンパを作るわけでもなく、大物御家人をスカウトするわけでもない（足利尊氏の幕府への謀反に関しては改めて説明します）。綿密に計画を立てた後鳥羽上皇が失敗し、勢いだけの後醍醐天皇が倒幕に成功したのは、歴史の皮肉なところといえます。建武の新政にしても、最も勝利に貢献した武士だけ大きな不満を抱え、政権崩壊の原因となります。結局、最大の功労者だった足利尊氏も離れていったように、まことについていきにくいリーダーだったことは間違いありません。

この時期の朝廷について整理しておきましょう。一二九〇年から一三〇五年頃は、後深草上皇の院政が行われます。その後継を巡って、皇統は持明院統（後深草系）と大覚寺統（亀山系）の二つに分裂します（第五章参照）。後醍醐天皇の登場直前、天皇は持明院統の花園《はなぞの》天皇で、その父の伏見上皇が朝廷を動かしていました。

一三一五（正和四）年、伏見上皇の側近である京極為兼《ためかね》が、西園寺実兼《さねかね》の密告により幕府に逮捕され、土佐に流罪となりました。翌年十月に、伏見上皇が幕府に誓約書（告文）を送り、身の潔白を訴えています。

　側近が逮捕されるというライバル（伏見上皇）の大失態を見逃さなかったのが、後宇多上皇（大覚寺統）でした。その頃、花園天皇の在位は十年に近づき、そろそろ譲位してはとささやかれるようになっていました。皇太子の尊治《たかはる》親王（のちの後醍醐天皇）は、大覚寺統の後宇多上皇の息子であり、すでに三十歳に近く、当時としては高齢の皇太子でした。持明院統は、なんとかして尊治親王に皇位を渡さないよう、譲位を引き延ばしていたのです。一方、後宇多上皇は、まず尊治親王を天皇にしてすぐに譲位させ、自分のお気に入りの孫である邦良《くによし》親王（後醍醐天皇にとっては兄の子、一三〇〇～二六）を天皇にしようと目論んでいました。尊治親王は「本命候補までの中継ぎ」だと、自分の身内からも思われていたのです。

「文保の和談」

　承久の乱以降、幕府による皇位への介入が繰り返され、皇族にも「天皇を決めるのは幕府だ」という認識が広がっていました。そこで持明院統、大覚寺統ともに、自分に都合のいい親王を皇太子にすえるべく、幕府にロビー活動を行います。
両統からの「推薦」が繰り返される中、幕府は話し合いで皇位継承のルールを決めて欲しいと言い出します。朝廷の決定権が復活したというより、もはや、幕府にとっては誰が天皇になるかなど大して問題ではない、というほどに朝廷の存在感が衰えていたとみるべきでしょう。かつては「そこで両統が合意して「文保の和談」が成立した」とされてきました。

そこで決まったのは、以下の三点です。

①花園天皇は尊治親王に譲位すること。
②十年ごとに持明院、大覚寺で皇統を入れ替えること。
③次の皇太子は邦良親王、その次は、量仁《かずひと》親王（のちの光厳《こうごん》天皇）とすること。

しかし、私はある時、不思議なことに気が付きました。十年ごとに皇統を入れ替えるのにもかかわらず、尊治の次の皇太子は、大覚寺統の邦良親王になっているのです。つまり大→大→持の順に天皇が動くわけですから、大覚寺統に有利になるという矛盾が生じている。これは本当に「和談」すなわち両統の合意といえるのか。

そこで、調べてみると、これを「文保の和談」とするのは、南北朝時代に書かれた歴史書『梅松論《ばいしょうろん》』の記述を信用し過ぎたことにあることがわかりました。

つまり、この三条件が決まった経緯を分析すると、まず後宇多上皇が大覚寺統の皇位継承をゴリ押しし、それに伏見上皇が抵抗したため、話は流れかけたことがわかります。ところが伏見上皇が急逝したため、持明院統の発言力が急低下し、大覚寺統に都合のいい条件をのまざるを得なかったというのが、どうやら真相らしい。

いずれにしてもこの件に関しては、主として朝廷内で話が進んでいて、幕府が積極的にかかわろうとしていないことは明らかです。これまで後鳥羽上皇の皇統を排除した北条泰時、皇統を分裂させた平頼綱など、幕府はことあるごとに皇位継承に介入してきました。それがこの時代になると、幕府の視野が狭まり、朝廷の事はほっておけとばかりに、統治の意欲も能力も失っていたことがうかがえます。

結局、花園天皇は譲位し、一三一八（文保二）年、後醍醐天皇が即位します。そして、父の後宇多上皇による院政が始まりました。後醍醐天皇の皇太子は邦良親王に決まり、ここまでは後宇多上皇の狙いどおり話は進みます。

ところが後醍醐は父の後宇多の方針に反発し、譲位要求をすべて無視したのです。後醍醐天皇にしてみると、周りは敵だらけでした。自分だって息子に天皇を譲り「治天の君」

になりたい。それなのに父の後宇多上皇は甥に天皇の座を渡せと迫ります。そのバックには幕府がいる。不満は溜まる一方でした。

後醍醐天皇の側近たち

後醍醐天皇が鋭かったのは、幕府の行き詰まりを見抜いたことでした。「幕府は弱体化している」と考えたのです。

ただし、後鳥羽上皇と後醍醐天皇の大きな違いは、武士への向き合い方でした。後鳥羽上皇は自らも刀を持つなど、武芸にも秀でていた上に、自分に臣従する武士を組織していました。

それに対して、承久の乱の後、朝廷は武力を持てなくなっていたため、後醍醐は倒幕の勢力をどこからか集めなければいけなかった。しかし残された記録からは、後醍醐自身がそれを主導していたとは考えられません。自らスカウトし最後まで心を通わせた（と本人が思っていた）のは、楠木正成くらいです。

「後醍醐天皇はそれまでの家格に捉われず人材登用を行った」という見方もありますが、それよりも代々の貴族から相手にされていなかったとみた方が正しいでしょう。参謀格で

「三房」と呼ばれた北畠親房《きたばたけちかふさ》、万里小路《までのこうじ》宣房《のぶふさ》、吉田《よしだ》定房《さだふさ》は、もともとは後醍醐ではなく父の後宇多上皇の側近でした。だから、彼らの動きには、どこか一歩引いたところがあります。

正中の変

一三二四（元亨四）年六月、後宇多上皇が亡くなると、後醍醐天皇の周辺は騒がしくなります。まず九月に「後醍醐天皇が北野祭に乗じて六波羅を襲う計画がある」との情報が幕府にもたらされます。後醍醐天皇の呼びかけに応じて、土岐《とき》頼兼《よりかね》、多治見《たじみ》国長《くになが》ら美濃の武士が決起する――というものでした。六波羅探題は、土岐らのいる京都の館を急襲し、関係者を殺害、もしくは自害に追い込みます。

後醍醐の命によりこの計画を主導したとされたのが、側近の参議の日野《ひの》資朝《すけとも》（一二九〇〜一三三二）と日野家庶流の日野俊基《としもと》（?〜一三三二）でした。陰謀発覚後、幕府は二人を逮捕します。

さすがの後醍醐天皇も「このままだとまずい」と考えたのでしょう。「三房」のひとり万里小路宣房を弁明の使者として鎌倉に向かわせました。それが功を奏し、後醍醐天皇には一切おとがめなし、退位もせずそのまま天皇を続けます。責任を負わされた日野資朝は佐渡に流罪になり、日野俊基は嫌疑不十分ということで無罪放免になりました。

このとき、皇太子の邦良親王や、ライバルの持明院統は、それぞれの思惑を胸に、幕府に「後醍醐天皇を退位させてください」と使者を送ります。しかし、幕府は動きませんでした。これは悪い意味で、後醍醐天皇の成功体験になってしまいます。トカゲのしっぽ切りをすれば、自分には累が及ばないことがわかったからです。

高時の出家

ここで、幕府の動きに話を戻しましょう。一三二六（正中三）年、高時は病気のため二十四歳で執権を辞して出家します。そして、得宗の跡目を巡って争いが起きます。高時は安達氏の娘を正妻としていましたが、嫡男邦時《くにとき》は側室が生んだ子でした。側室は御内人の五《ご》大院《だいいん》宗繁《むねしげ》の妹だったため、内管領の長崎氏が後ろ盾になっていたのです。一方、安達時顕は高時と母を同じくする弟の北条泰家《やすいえ》を後継者に推薦します。邦時を推す長崎円喜、高資と、あくまでも外戚は安達氏でなければならないとする安達時顕が対立したのです。

結果は長崎氏の剛腕ぶりが勝り、邦時が高時の後継者に決定します。そして、執権には金沢貞顕（連署からの昇格）が就任します。貞顕は高時とともに出家する予定だったにもかかわらず、長崎高資の強引な慰留に遭いました。その結果、出家を断念し執権になったのです。

　このことに激怒したのが北条泰家と安達派でした。泰家を始め、多くの武士が抗議の出家をします。「関東の侍、老いたるは申すに及ばず、十六七の若者どもまで皆出家入道す。いまいましく不思議の瑞相也《ずいそうなり》」（『保暦間記』）と書かれるほどに、鎌倉で突然、出家者が続出する異様な事態となりました。

　金沢貞顕も安達派からの敵意を感じて、「殺される」と怯えだし、就任後わずか十日で執権を辞職し出家します。すでに邦時の後継指名が済み、高時も健康状態が安定していたため、高資も慰留しなかったようです。

「嘉暦《かりやく》の騒動」と呼ばれるこの政変のあと、執権には赤橋（北条）守時《もりとき》（一二九五〜一三三三）、連署には大仏（北条）維貞《これさだ》（一二八五?〜一三二七）が就任します。

　この時期の鎌倉幕府について『保暦間記』は「高資驕《おごり》の余りに高時が命《めい》に随わず」、もはや高資は高時の命令にも従わなくなった、と長崎氏の権勢を記しています。そして高時は、円喜の弟の長崎高頼《たかより》（生没年不詳）に秘かに甥の暗殺を命じます。これは杜撰な計画だったので、あっさりと露見し、高資に詰め寄られた高時は「我は知らず」（『保暦間記』）と責任逃れをしました。高頼ひとりに責任が押し付けられ、奥州に流罪になります。

元弘の乱

一方、朝廷では、後醍醐天皇の退位論がくすぶり続けましたが、皇太子の邦良親王が亡くなり、新しい皇太子を選ばなくてはならなくなります。持明院統は、「我が統の量仁親王を皇太子にして欲しい」と、一方で大覚寺統の多くは「邦良親王の子である康仁《やすひと》親王こそ皇太子に。それが後宇多上皇のご意思だ」と、ともに幕府に接近します。幕府は「量仁親王が相応しい」と回答していますが、その後「やはり康仁親王が相応しい」と前言を翻す混乱ぶりでした。自分の子供に皇統を継がせたい後醍醐天皇にとっては、持明院統も大覚寺統も、そして両統迭立《てつりつ》を維持しようとする幕府も「敵」でした。

この段階になると、多くの貴族たちは「この天皇は危ない」と考えて後醍醐から距離を置くようになっていました。その一人が父の時代からの側近である吉田定房です。一三三一（元徳三／元弘元）年、吉田定房が幕府に「後醍醐天皇に再び謀反の企てあり」と訴え出ます。日野俊基らが捕縛されると、後醍醐天皇は三種の神器を持って都を脱出し、息子の尊良《たかよし》親王（一三一一〜三七）、護良《もりよし》親王（一三〇八〜三五）とともに今の京都と奈良の境にある笠置《かさぎ》山《やま》に立て籠ることになります。これが「元弘の乱」です。後醍醐天皇は決起するしかないところに追い込まれたのです。この時、後醍醐天皇の呼びかけに呼応した一人が、河内の楠木正成（一二九四〜一三三六）だったのです。

楠木正成の決起

楠木正成の出自には様々な説があります。かつては、「悪党」と呼ばれたものの一人といわれました。悪党とは秩序体制に公然とはむかい、道理から逸脱した考えや振る舞いを行う人々のことです。現在は「悪」を行う人を悪党と呼びますが、この時代の感覚に当てはめると、秩序の破壊者という意味でとらえた方がよいかもしれません。

彼らの多くは近畿周辺（畿内）の荘園に在住する武士で、物流を含めた広範囲な商売にかかわる銭に関しての知識と経験がある人々です。その中の一人とされたのです。

そんななか中世史研究者の筧雅博氏は、楠木家はそもそも駿河の御家人であり、得宗被官だったのではないか、との説を発表しました。楠木は駿河の地名であり、楠木氏は霜月騒動で畿内に所領をもらって、西に移住し河内で一定の勢力を築いたというのです。私は、この説は非常に有力だと考えています。

後醍醐天皇の呼びかけに楠木正成ら一部の武士が呼応したことにより、「元弘の乱」はこれまでと違って、本格的な武力衝突に発展しています。幕府は大仏貞直《さだなお》（?～一三三三）、金沢貞冬《さだふゆ》、さらに御家人の足利尊氏（当時は高氏を名乗っていましたが、尊氏で統一します）を派遣します。万を超えたとされる幕府軍は笠置山を落とし、後醍醐天皇を捕まえます。

正成は、笠置山を脱出した護良親王と河内の下赤坂《しもあかさか》城に立て籠り、二カ月にわたって籠城することに成功します。この戦いで正成は戦争に籠城戦という新しいジャンルを切り開いたといえるでしょう。最終的には、大仏貞直や足利尊氏らが率いた幕府軍が、楠木正成の築いた防衛網を破り、下赤坂城は落城します。正成や護良親王は行方をくらましました。

この元弘の乱で理解に苦しむのは吉田定房の動きです。というのも、のちに後醍醐天皇によって建武の新政が始まると、裏切者だったはずの定房が、内大臣に抜擢されているのです。もともと吉田家は大納言クラスが限界の家格でしたから、これまでにはありえない破格の出世ということになります。朝廷の秩序を重んじる北畠親房もこれを非難しています。

後醍醐天皇と吉田定房の蜜月は、吉野に南朝が成立してからも続きました。なぜ、密告した人間を重用し続けたのか――。さまざまな説がありますが、「密告自体が、後醍醐天皇による命令だった」と考えるのが最も腑に落ちます。「一応、武士には声をかけてみたものの、倒幕運動はさっぱり盛り上がらない。どうもこれでは幕府に勝てない」というジレンマを抱えた後醍醐天皇が、合戦に至る前に幕府に知らせることで、前回の正中の変と同様に幕府に許してもらおうという甘いことを考えたのではないでしょうか。

ところが今回の幕府の対応は百八十度違うものでした。後醍醐天皇にきちんと責任を取らせることにしたのです。天皇の側近であった日野資朝と俊基は斬首され、後醍醐天皇本人は隠岐の島へ流罪となりました。承久の乱のあと、後鳥羽上皇は隠岐に流されてそのまま没しています。前例踏襲の幕府にしてみれば、天皇や上皇を流罪にするのは「最終手段」でした。

流罪になった後醍醐天皇に代わり、持明院統の量仁親王（後伏見天皇の子）が即位し、光厳天皇（一三一三～六四）となります。この流れがのちに後醍醐天皇の南朝に対して北朝と呼ばれることになります。

後醍醐天皇が隠岐を脱出するという前代未聞の行動に出たのは一三三三（元弘三）年閏

二月の事でした。島を脱出した後醍醐天皇を伯耆の武士名和《なわ》長年《ながとし》（？～一三三六）が迎えて挙兵します（船上山の戦い）。

後醍醐天皇を討伐するよう、幕府の命令を受けて出陣したのが、大将軍の名越（北条）高家《たかいえ》（？～一三三三）と足利尊氏でした。名越高家は評定衆の一員で、かつては最も得宗に反抗的だった、あの名越一族です。足利尊氏は執権赤橋守時の妹を妻とした有力御家人ですから、両者の派遣は、北条一門の派遣と同義だったと考えていいでしょう。

名越高家は京都の郊外、久我畷《こがなわて》（現在の京都府大山崎町付近）で、後醍醐に呼応した播磨の御家人赤松円心《あかまつえんしん》（一二七七～一三五〇）らの軍と衝突して討ち死にし、幕府軍が大敗北を喫しました。

足利尊氏の謀反

一方、足利尊氏は、所領の丹波・篠村《しのむら》（現在の京都府亀岡市）に逗留します。この時、尊氏のもとには、すでに後醍醐天皇の周囲から北条氏追討の綸旨が届けられていたとされます。承久の乱と同じく、この綸旨も現物は残っていません。ただ畿内各地に潜伏し、反北条の活動を行っていた護良親王の令旨（皇族の命令書）には、「時政の子孫である高時法師を討て」（『熊谷家文書』）とありますので、綸旨も内容は同じようなものだったのでしょう。

承久の乱との最大の違いは、この綸旨や令旨を無視することなく、本気で受け止めて後醍醐天皇の下に参じた武士が数多くいたことにあります。

中でも決定的だったのは、後醍醐討伐軍の司令官である足利尊氏その人が、後醍醐側についたことでした。一三三三年四月二十七日、幕府に反旗を翻すことを決意した尊氏の決意を『梅松論』ではこう記します。

〈既に勅命を蒙《こうむ》らしめ給《たま》ふ上は、時節相応天命の授所なり〉として、〈篠村の八幡宮の御宝前にをいて既に御旗を上げらる〉

後醍醐軍の指揮官となった尊氏に攻められ、五月七日に京都の六波羅は陥落しました。六波羅探題北方だった普恩寺（北条）仲時《なかとき》は、後伏見上皇や花園上皇、光厳天皇と北条の一族郎等を連れて京都を脱出し東に向かいます。すでに六波羅探題南方の北条時益《ときます》（北条政村の子孫）は同日、流れ矢に当たって戦死していました。

逃げ切れないことをさとった仲時は、五月九日、米原《まいばら》の番場《ばんば》にある蓮華《れんげ》寺《じ》で四百三十二人の一族と共に自害しました。

〈大将仲時いはく、我等命を生きて君（天皇）を敵に奪はれんこそ恥なるべけれ〉（『梅松論』）

光厳天皇らは倒幕軍に保護されています。

また、楠木正成の立て籠る千早城を囲んでいた幕府軍は、六波羅陥落の一報を受けて崩壊し、奈良へと敗走します。出家して降伏した正成追討軍の総大将の阿蘇《あそ》（北条）治時《はるとき》はのちに斬首されました。

尊氏が幕府を裏切った理由

ここで考えたいのは「なぜ尊氏は幕府に反旗を翻したのか」という点です。足利尊氏が個人的に北条氏を憎んでいたとは思えません。では、後醍醐天皇に忠節を尽くしたかったのかといえば、そうでもないでしょう。後醍醐天皇はどのような国を造りたいかなど発表していませんから、「天皇の国家構想に共鳴した」などということもありえません。そもそも、尊氏には後醍醐天皇の人柄や思想を知る機会などありませんでした。

普通に考えれば、尊氏は「北条氏中心の幕府を終わらせて、自分が中心となった新しい武士の政権を作ろう」とひらめいただけのことでしょう。もともと足利家は執権どころか将軍になれる家柄でした。

また、私は、尊氏の決心を促したのは御家人たちの「世論」だと考えています。

かつての鎌倉幕府は、御家人を大事にする政権でした。だからこそ、平頼綱の「御家人ファースト」政策は、安達泰盛に勝利することができたのです。しかし、いつの間にか「御家人ファースト」は消えて、「得宗ファースト」「御内人ファースト」になってしまいます。普通の御家人には、全くうまみが回ってこないばかりか、不満を表に出してもしたら潰されかねません。そんな閉塞状況を打ち破ってくれる「誰か」として、御家人たちは新しい大将である足利尊氏を「発見」してしまったわけです。家柄も申し分なく、元弘の乱でも活躍した尊氏は、まさに新しい時代に相応しいリーダーでした。

尊氏にとって、謀反のきっかけは後醍醐天皇の綸旨でも護良親王の令旨でも良かったと考えられます。「天皇の命令」は大義名分として使える、と判断しただけでしょう。そして何より尊氏にとって重要なのは、「俺が立てば多くの御家人たちが支持してくれるだろう」という確信でした。実際に尊氏の裏切りにより、各地の御家人が雪崩をうって倒幕軍に加わりました。

それを最もよく表しているのが、鎮西探題の陥落です。当初九州では、御家人の菊池《きくち》武《たけ》時《とき》（一二九二～一三三三）が、後醍醐天皇に呼応して倒幕の兵を挙げましたが、鎮西探題と少弐氏や大友氏らの御家人たちによって潰されて敗死しています。ところが、「鎌倉幕府がどうもやられたらしい」との一報が伝わると、少弐氏や大友氏が幕府を裏切り、今度は鎮西探題を攻撃して、赤橋英時《ひでとき》を自害に追い込んでいます。みな、「待ってました」とばかりに尊氏に乗っかったのです。

新田義貞の挙兵

足利尊氏と同時期に倒幕に立ちあがったのが、上野の御家人・新田《にった》義貞《よしさだ》（一三〇一～三八）でした。どの時点からか護良親王と連絡を取っていたようで、本拠地の新田で決起します。

新田軍は各地の反北条の軍勢をまとめながら南下します。これに対して幕府は急遽、長崎基資《もとすけ》（円喜の孫）らを派遣しますが、小手指《こてさし》（現在の埼玉県所沢市）の戦いで撃破されます。さらに北条泰家（高時の弟）を追討軍として派遣しますが、今度は武蔵の分倍河原《ぶばいがわら》（現在の東京都府中市）で敗れています。

新田の勢力が膨れ上がることになった最大の理由は、幕府の人質にされていた足利尊氏の嫡男、千寿王《せんじゅおう》（のちの室町幕府二代将軍足利義詮《よしあきら》）が鎌倉を脱出して、合流したことでした。これによって、この軍勢は「足利軍」となったのです。それをよくあらわしているのが、鎌倉が陥落したあとのエピソードです。新田家では参加した武士たちの活躍を記した軍忠状を作ることになりました。これを貰っておくと後に恩賞を与えられるので、武士たちは先を争って手柄を報告するのですが、武士たちは新田義貞ではなく、こぞってまだ四歳の千寿王のところに訪れました。武士たちが新しい「御恩と奉公」の対象として足利を選んだのです。

　新田軍以外にも各地で御家人の挙兵が続きます。下赤坂城攻めにも参加した御家人の千葉貞胤《さだたね》、小山秀朝《ひでとも》が、兵を挙げて鎌倉を目指して進軍し始めました。幕府創設期から活躍した、千葉氏、小山氏の子孫にあたる御家人たちが、北条氏を裏切ったのです。幕府は金沢（北条）貞将《さだまさ》を派遣して、鶴見《つるみ》（現在の横浜市）付近で、千葉、小山軍と衝突しますが、あっさりと敗北しています。

鎌倉幕府最後の戦い

　鎌倉の入り口に真っ先に到達したのは新田義貞でした。

〈鎌倉勢ことごとく引退《ひきしりぞ》く処《ところ》、則大勢せめのぼる間、鎌倉中のさはぎ、只今敵の乱入たらんもかくやとぞおぼえし〉（『梅松論』）

鎌倉は大混乱になります。幕府軍に味方する御家人はほとんどおらず、最後の抵抗を試みたのは一門と御内人だけでした。新田義貞が南下してきた鎌倉街道は鎌倉の西側に通じていたため、必然的に西部が激戦地になりました。北鎌倉から鎌倉に入るルートにある、巨《こ》福呂《ぶくろ》坂《さか》切通に執権の赤橋守時が出陣します。鎌倉の大仏がある極楽寺切通には、楠木正成を破った大仏貞直が、化粧坂《けわいざか》切通には金沢将監《しょうげん》がそれぞれ派遣されます。

鎌倉幕府最後の戦いを『太平記』と『梅松論』をもとに記します。『太平記』は脚色のほどこされた軍記物ではありますが、戦いの雰囲気を今に伝える数少ない文献でもあります。

〈（一三三三年五月十八日）源平（新田軍と北条軍）互ひに矢合《やあ》はせして、終日終夜攻め戦ふ。源氏は大勢なる上、寄手なれば、荒手（新手）を入れ替へ入れ替へ攻め入らんとす。平家は小勢なれども防《ふせ》き庭《ば》よかりければ、打ち出で打ち出で防き戦ふ〉（『太平記』第十巻）

幕府軍が少ない兵数でよく守ったと記していますが、逆に言えば、多くの御家人が北条氏を見捨てていたことがわかります。

最初の激戦地は、巨福呂坂切通方面でした。ここは鶴岡八幡宮のすぐ西側にあり、鎌倉の中心部に一番近い切通です。赤橋守時軍は、切通から遥に西の洲崎《すざき》で新田軍と衝突し激戦となります。

〈相模守守時、すさき千代塚にをいて合戦を致しけるが、是もうち負けて一足も退ず自害す〉（『梅松論』）

奮戦空しく守時軍は撃破されました。『太平記』では、守時には秘めた想いがあったと最期の言葉を記します。

〈盛時（守時）に於《おい》ては、一門の安否を見おわるまでもなく、この陣に於て腹を切らんと思ふなり。その故は、尊氏が縁に結べる間、相模入道（高時）を始め奉《たてまつ》つて、一家の人々、さこそ心を置き給ふらめと覚ゆるなり。これしかしながら、勇士の恥とする処なり〉（『太平記』）

守時は執権でありながら、義弟の足利尊氏が裏切り者になったことで、高時たちから警戒されていたことがわかります。それを恥と考えていた守時には、ここで死ぬ以外の選択肢がありませんでした。

大仏貞直の奮戦

さて、極楽寺坂で戦う大仏貞直軍は、新田軍の大館宗氏《おおだちむねうじ》（新田義貞の義弟）を討ち取るなど、一番の軍功を挙げています。貞直は赤坂城攻めでも指揮官として活躍していますし、名将といっていいかもしれません。新田軍は極楽寺坂に主力を差し向け、突破を試みます。次第に幕府軍が後退します。

この激戦の最中に『太平記』で有名なシーンが生まれます。幕府軍の抵抗があまりに激しいため、新田義貞は迂回して相模湾に面する稲村ケ崎に向かいます。しかし、切りたった崖と海岸線には潮が満ちていて人が通ることができません。そこで義貞が「道を開いてください」と海に黄金づくりの太刀を投げ込むと潮が引きました。そこを新田軍が踏破し鎌倉の市街地になだれ込んだとされます。

かつて「鎌倉城」と呼ばれるほど、攻めることが難しかった鎌倉ですが、この戦いでは、奮戦空しく敵の侵入を許してしまいます。鎌倉時代が始まるころは、一騎討ちが合戦の華でしたが、百五十年あまりが経ち、兵力をありったけ動員して戦う集団戦の時代になっていたのです。鎌倉の天然の要害としての価値が下がっていたといえるでしょう。一度侵入を許してしまうと、鎌倉は逃げ出すことの難しい土地でした。

将軍の屋敷が燃え上がるのを確認した貞直の郎等たちが、主に自害を促すため、腹を切り始めたと『太平記』は記します。貞直はこれを見て「日本一の不心得者だ」と言ったあと、

〈「千騎が一騎になるまでも、敵を亡ぼして名を後代に残すをこそ、勇士の本意とする処なれ」〉（『太平記』）

として、敵陣に切り込んで討ち死をしました。

巨福呂坂では、守時が戦死したため、新たな指揮官が投入されます。鶴見での敗戦から軍勢を立て直した金沢貞将が駆け付けたのです。

『太平記』では、奮戦を続ける貞将が一時最前線を抜け出して、高時のもとを訪ね最後の挨拶をしたと記します。そこで、「やがて六波羅探題の職を与えよう」との約束が書かれた文書を高時から与えられます。それを喜んで受け取った貞将は前線へ帰還。最後は乱戦の中で戦死しています。

化粧坂では、金沢将監の離脱後、普恩寺基時（元執権）が奮戦しますが、激闘の末、基時は自らが建立した普恩寺に入りました。基時は寺のお堂の柱に血で辞世を書きつけます。

〈まてしばし死出の山行く旅の道同じく越えて憂き世語らん〉

出来過ぎな気もしますが、米原で自害した六波羅探題の息子の普恩寺仲時に、「私も行きますから、しばらく待ちなさい」と語りかけた一首です。

この合戦で、鎌倉の町は徹底的に破壊されました。現在、我々が鎌倉で目にする寺社仏閣はほとんどが江戸時代に建てられたものです。中世以降の日本の都市で、ここまで跡形もなく破壊されつくしたのは稀有な例です。また史料の散逸も起こりました。『吾妻鏡』を作るために使われたであろう行政文書や書簡などは、ほとんどが失われています。

鎌倉から東に切通を抜けた先に金沢氏の館と金沢文庫があります。昭和になって、金沢文庫に隣接する称名寺《しょうみょうじ》で、たまたま金沢氏を中心とした幕府関係の書簡が遺されていたのが発見されました。これによって鎌倉時代研究が一気に進歩しました。逆に言えば、他に史料が残らなかったほど、鎌倉幕府は跡形もなくこの世から抹殺されたのです。

北条時行の逃亡

鎌倉の陥落が迫る中で得宗家は、北条高時の子の邦時と時行《ときゆき》（?～一三五三）を逃がすことにしました。『太平記』によれば、長男の邦時は伯父の五大院宗繁が、次男の時行は御内人の諏訪《すわ》盛高《もりたか》がそれぞれ匿うことになります。しかし、五大院宗繁は恩賞に目がくらみ、密告したため、邦時はすぐに殺されています。

時行は諏訪氏の本拠地である信濃の諏訪に逃げ延びることができました（私が解説を担当するマンガ『逃げ上手の若君』の主人公です）。

ここからは少し時行の生涯を紹介します。時行は諏訪の地で二年の時を過ごすことになります。この間に、京都では後醍醐天皇による建武の新政が始まっていました。一三三五（建武二）年に北条時行は挙兵します。各地の北条残党たちや建武の新政に疑問を持つ武士たちが合流します。時行軍は女影ヶ《おなかげが》原《はら》（現在の埼玉県日高市）、小手指で、朝廷側を打ち破ります。武蔵の府中では、幕府を裏切った小山秀朝に勝利し、秀朝を自害に追い込みました。

〈小山下野守秀朝発向せしむといへども、戦難義《いくさなんぎ》にをよびしほどに。同国の府中にをいて秀朝をはじめとして一族家人数百人自害す〉（『梅松論』）

足利尊氏の弟直義《ただよし》（一三〇六～五二）も本拠地である鎌倉から出撃はしましたが、北条軍の勢いを止めることはできず撃破され、西に逃走しています。

〈直義朝臣は、事の急なる上、折節、用意の兵少なかりしかば、「なかなか戦ひては、敵

に利を付けつえし」とて、（中略）鎌倉をぞ落ちられけり〉（『太平記』第十三巻）

そしてついに、七月二十五日に時行軍は鎌倉に入ります。信濃での挙兵からわずかひと月程のことでした。これを中先代《なかせんだい》の乱と呼びます。

時行はまだ少年でしたが、新田義貞が鎌倉を攻め、四歳の千寿王を旗印にしたのと同様の役割だったのでしょう。しかし、時行の鎌倉占領は長くは続かず、兵を率いて進撃してきた足利尊氏の前に敗走します。

その後の時行は諦めることなく戦い続けました。京都は足利尊氏と光厳上皇による北朝の手中となり、後醍醐天皇は吉野に都を移していました。一三三七（建武四）年、時行が南朝に使者を送る話が『太平記』に記されています。〈亡親高時法師、臣たる道を弁《わきま》へずして、つひに滅亡〉としたあと、足利尊氏について〈（北条氏による）恩を荷《にな》うて恩を忘れ、天を戴いて天を乖《そむ》けり〉という時行の言葉を記します。後醍醐天皇は、これを受け入れて恩免（恩赦）の綸旨を出しました。

父が討たれたのは仕方ないが、恩知らずの尊氏は許せない、という心情が綴られています。脚色もあるでしょうが、北条氏から尊氏が奪った武士の棟梁の地位を取り戻したい、という気持ちが時行の生涯を支えていたのでしょう。

この後、時行は決起と敗北を繰り返し、一三五三年に足利軍に捕らえられ鎌倉龍ノ口《たつのくち》で処刑されています。

北条氏の最期

では最後に、北条氏の滅亡の姿をみましょう。

一三三三年五月二十二日、高時たちは、鎌倉の東側にある得宗家の菩提寺東勝寺《とうしょうじ》に籠っていました。

『太平記』では、長崎基資の奮戦を記します。そして、その基資が高時の眼前で自害の「手本」を見せたとします。これを合図に、次々と幕府の関係者が腹を切り始めました。

長崎円喜が孫に刺され死ぬと、高時も自分の番を悟り自害しました。続いて安達時顕も腹を切ります。

〈名越の一族三十四人、赤橋、常盤、佐介の人々四十六人、その門葉たる人々二百八十三人、われ前にとぞ切つたりける〉

〈この日いかなる日かな。元弘三年五月二十二日、平家九代の繁昌、片時にみな滅びはて、源氏、多年の愁訴《しゅうそ》を一朝に開きたる事を得たりけり〉

鎌倉幕府最後の将軍である守邦親王は出家したと伝わりますが、戦乱の中で何をしていたのかはわかっていません。源頼朝の鎌倉入城から百五十年。ここに鎌倉幕府は滅亡したのです。

北条一門は、なぜ、ここまで徹底的に滅びていったのでしょうか。それはここまで記してきた歴史がすべてを物語っています。北条氏は、ライバルを倒し、その領地を奪って肥大化していきました。滅亡時点で日本のほぼ半分の国の守護職を持っていたとされます。つまり北条一族を族滅させれば、その土地が恩賞として配られることを誰もが分かっていたのです。天皇の命令に従って「朝敵」を殺すのですから良心の呵責《かしゃく》もない。利益と大義名分が一体化したからこそ、北条氏族滅の悲劇が起こったといえます。北条氏が君臨した鎌倉は、一転して破滅の舞台となりました。

『太平記』には、高時と共に自害した人々の名前が残っていますが、北条一門か御内人ばかりで、一般の御家人らしき名前はほとんど見当たりません。それは、北条氏の孤立をあらわしています。鎌倉幕府と北条氏は、自らが拠って立つべき御家人たちに見捨てられ滅亡したのです。

あとがき

最近、私の文章の一部分をネットに載せていただく機会がありました。もちろんお膳立てを整えてくれた編集者にしてみると、目立ってなんぼ、でありますから、私の歴史解釈の中でも「とがった」ところを抜粋することになる。それが元寇と北条時宗の関係でした。

本書にも書きましたように、私はモンゴルに対する北条時宗のやり方は、まことに拙劣だったと考えています。彼と幕府がきちんと国書を送り、元という新しい帝国に礼を尽くせば、皇帝クビライは上機嫌で「北条時宗よ、汝を日本国王に任命する」と応答して褒美の品をどっさりくれただろう。もちろん、侵攻はしてこなかっただろう。

ある程度は予想していましたが、この文章への反応は、ともかく酷《ひど》いものでした。テンプレの「この程度で東大の教授か」はご愛敬（講演をして質疑応答の時間を設けると、必ず一人は、これを言うおじいさんがいます）として、まあ散々に叩かれた。中でも私が、まあそう来るよな、と妙に納得したのが、「日本の国王は天皇陛下だろうに、こいつはそんな基本中の基本も理解しておらんのか」という罵倒でした。

本書のここまでを読んで下さっている読者諸兄姉は失笑されるでしょうが、とりあえず書いておきますと、足利義満が明と国交を結んだときに、明の皇帝は彼を日本国王に封じたわけです。朝鮮出兵に疲れた豊臣秀吉が明との講和を模索したときも、明側は「秀吉を日本国王とする」とだけ言ってきた。朝鮮半島の領有くらいは承認してくるだろうと期待していた秀吉は、なにを今更！　と激怒して再び戦争になった。まあ中国伝統の冊封体制というのは、中国皇帝こそが周辺各国の王様の正統性を付与する、という思想に基づいているわけですから、こういう対応になるわけですね。ですからクビライが「我が徳を慕って使者を送ってきたことはご苦労であった。平時宗を日本国王とし、あわせて珍宝を授ける」はおかしくないはずです。

　ただし、罵られているのにその方の肩を持つのも妙なのですが、言いたいことはよく分かります。北条氏というのは将軍の家来のはずですね。その将軍だって、天皇の臣下なんです。形式上は。形式を重視するなら、時宗が日本国王のはずがないのです。ところが、どうも日本の歴史では、形式よりも実質。タテマエよりもホンネなんですね。将軍を上に戴いて、北条氏が執権として幕府を動かす。やがては執権という地位も必ずしも実権の指標ではなくなり、執権職を一門の誰かに譲ったのちに、北条本家の当主が権力を掌握し続ける。官職でいうなら、四位（一流の貴族の証しである三位にも達していません）で相模守とか武蔵守にすぎない人物が、日本を動かしていた。この事態をちゃんと説明できないと、日本という国の歴史は分かりません。逆に言うと、北条氏のありようをしっかり解説できると、日本の様々なことを考える端緒になるのです。「グローバリズムのまっただ中にある現代日本人にとって、中世日本を知ることはまさに異文化交流の実践であるし、ダイバーシティこそがイノベーションを促進する」のですから。

いやいや、そうした講演用のお題目は措くとして、とりあえず北条氏の成長と安定、それに衰退の歴史を知ることは実に興味深い。足利氏も徳川氏も、家の歴史として見たときに、ここまでのダイナミズムはありません。北条氏を知ることは日本史を知ること。これは掛け値なしの評価だと思います。それが本書をなす動機となりました。それで結果はというと……、うん、長年の研究成果を詰め込んで、独自のものをまとめることができたと自負しています（自惚れが過ぎるかな）。

私たちの視点からすると、なんだか不思議な一族。北条氏の足跡を追いながら、日本という国がもつ特質に思いを馳せて下されば、書き手としてはこれに過ぎる喜びはありません。編集の前島篤志さん、水上奥人さん本当にありがとうございました。読者のみなさま、御一読を賜りましたこと、望外の幸せです。篤くお礼を申し上げます。

「北条氏の時代」関連年表

年	得宗（当主）	将軍	院政（治天の君）	出来事
一一六〇	時政		後白河	源頼朝が伊豆に流される。
一一八〇				八月、頼朝が平家追討の兵をあげる。 十月、頼朝が鎌倉に入る（鎌倉幕府の誕生）。
一一八五				頼朝が守護と地頭の設置を認められる。
一一九二		源頼朝	後鳥羽	頼朝が征夷大将軍となる。
一一九三				五月、曾我兄弟の仇討ち事件が起こる。
一一九九		源頼家		一月、頼朝が亡くなる。頼家が後を継ぐ（将軍就任は一二〇二年）。 十三人の合議制が始まる。 十月、梶原景時の乱が起こり、翌年、梶原氏滅亡。
一二〇三				六月、阿野全成が誅殺される。 九月、比企能員の乱が起こり、比企氏滅亡。 同月、将軍頼家が失脚し、実朝が後を継ぎ、将軍となる。
一二〇五		源実朝		六月、畠山重忠の乱が起こり、畠山氏滅亡。 閏七月、牧氏の乱が起こる。時政が失脚する。平賀朝雅が討たれる。
一二一三	義時			五月、和田合戦が起こり、和田氏滅亡。
一二一九				一月、実朝暗殺事件。源氏直系将軍が途絶える。
一二二一				五月、承久の乱が起こる。
一二二四			（後堀河天皇）	六月、義時が亡くなる。伊賀氏の乱が起こる。
一二二五	泰時			七月、北条政子が亡くなる。
一二二六		九条頼経		九条頼経が将軍になる。
一二二八				九条道家が関白になる。この頃、朝廷で「徳政」が行われる。
一二三〇				寛喜の大飢饉（〜三一年）。
一二三二				泰時が御成敗式目を制定する。
一二四二				幕府が皇位継承問題に介入し、後嵯峨天皇が即位する。 六月、泰時が亡くなる。経時が後継者となる。

一二四四	経時	九条頼嗣	後嵯峨	頼経が、九条頼嗣に将軍職を譲る。
一二四六	時頼			経時が出家し、時頼が後継者となる。 五月、宮騒動が起こる。名越光時が失脚し、前将軍頼経が追放される。
一二四七				六月、宝治合戦が起こり、三浦氏滅亡。
一二五二				将軍頼嗣が追放される。宗尊親王が招かれ将軍となる。
一二五六		宗尊親王		時頼が出家する。時宗が北条氏の後継者となる。
一二六三				十一月、時頼が亡くなる。
一二六六	時宗			将軍宗尊親王が追放される。惟康王が将軍となる。
一二六七		惟康王		「徳政令」の原型となる追加法が出される。
一二六八				時宗が執権となる。この頃から、元の使者が繰り返し訪れるようになる。
一二七〇				将軍惟康王が源姓を賜わる。
一二七二				二月騒動が起こる。北条時輔、名越教時が討たれる。
一二七四			亀山	十月、最初の元寇（文永の役）。
一二七五				朝廷で、大覚寺統と持明院統の両統迭立が始まる。
一二八一				五月、二度目の元寇（弘安の役、～閏七月）。
一二八四	貞時			四月、時宗が亡くなり、貞時が後を継ぐ。 安達泰盛主導の弘安徳政が行われる。
一二八五				十一月、霜月騒動が起こり、安達氏滅亡。
一二九三		久明親王	伏見	四月、平禅門の乱が起こり、平頼綱が討たれる。
一二九七				永仁の徳政令が出される。
一三〇五			後宇多	嘉元の乱が起こる（北条一門内の権力闘争）。
一三一一		守邦親王	伏見	十月、貞時が亡くなり、高時が後を継ぐ。
一三一八	高時		後宇多	後醍醐天皇が即位する。
一三二四			（後醍醐天皇）	九月、正中の変が起こる（後醍醐天皇の反幕府運動）。
一三二六				高時が出家し、嘉暦の騒動が起こる（得宗家の後継者争い）。
一三三一				後醍醐天皇が再び、反幕府運動を起こす（元弘の乱）。
一三三三				四月、足利尊氏が倒幕軍に参加する。 五月、倒幕軍によって鎌倉が陥落する。北条氏が滅亡する。

本郷和人（ほんごう　かずと）

1960年、東京都生まれ。東京大学史料編纂所教授。東京大学文学部卒、同大学大学院人文科学研究科博士課程単位取得退学。鎌倉時代を中心とした日本中世史が専門。本書はこれまで研究してきた鎌倉時代論の集大成ともいえる内容になっている。著書に『中世朝廷訴訟の研究』『新・中世王権論』『日本史のツボ』『承久の乱　日本史のターニングポイント』『日本史の論点』『世襲の日本史』など多数。監修の『やばい日本史』シリーズがベストセラーに。マンガ『逃げ上手の若君』で解説、ゲーム「Ghost of Tsushima」にアドバイザーの一人として参加するなど、多方面で活躍している。

文春新書

1337

北条《ほうじよう》氏《し》の時《じ》代《だい》

2021年11月20日　第1刷発行
2021年12月25日　第3刷発行

著　者　本郷和人
発行者　大松芳男
発行所　株式会社　文藝春秋

〒102-8008　東京都千代田区紀尾井町3-23
電話（03）3265-1211（代表）

印刷所　理想社
付物印刷　大日本印刷
製本所　大口製本

定価はカバーに表示してあります。
万一、落丁・乱丁の場合は小社製作部宛お送り下さい。
送料小社負担でお取替え致します。

ISBN978-4-16-661337-3

◆日本の歴史

- 渋沢家三代　佐野眞一
- 古墳とヤマト政権　白石太一郎
- 昭和史の論点　坂本多加雄・秦郁彦・半藤一利・保阪正康
- 謎の大王 継体天皇　水谷千秋
- 謎の豪族 蘇我氏　水谷千秋
- 謎の渡来人 秦氏　水谷千秋
- 継体天皇と朝鮮半島の謎　水谷千秋
- 大名の日本地図　中嶋繁雄
- 決定版 日本の剣豪　中嶋繁雄
- あの戦争になぜ負けたのか　半藤一利・保阪正康・中西輝政・戸高一成・福田和也・加藤陽子
- 日本のいちばん長い夏　半藤一利編
- 昭和陸海軍の失敗　半藤一利・秦郁彦・平間洋一・保阪正康・黒野耐・戸高一成・戸部良一・福田和也
- 昭和の名将と愚将　半藤一利・保阪正康
- 徹底検証 日清・日露戦争　半藤一利・秦郁彦・原剛・松本健一・戸高一成
- 日本型リーダーはなぜ失敗するのか　半藤一利
- 「昭和天皇実録」の謎を解く　半藤一利・保阪正康・御厨貴・磯田道史
- 大人のための昭和史入門　半藤一利・船橋洋一・出口治明・水野和夫・佐藤優・保阪正康他
- 21世紀の戦争論　半藤一利・佐藤優
- なぜ必敗の戦争を始めたのか　半藤一利
- 十七歳の硫黄島　秋草鶴次
- 山県有朋　伊藤之雄
- 指揮官の決断　早坂隆
- 永田鉄山 昭和陸軍「運命の男」　早坂隆
- ペリリュー玉砕　早坂隆
- 硫黄島 栗林中将の最期　梯久美子
- 日本人の誇り　藤原正彦
- 天皇陵の謎　矢澤高太郎
- 児玉誉士夫 巨魁の昭和史　有馬哲夫
- 伊勢神宮と天皇の謎　武澤秀一
- 藤原道長の権力と欲望　倉本一宏
- 江戸の貧民　塩見鮮一郎
- 戦後の貧民　塩見鮮一郎
- 日本軍はなぜ満洲大油田を発見できなかったのか　岩瀬昇
- 予言者 梅棹忠夫　東谷暁
- 火山で読み解く古事記の謎　蒲池明弘
- 邪馬台国は「朱の王国」だった　蒲池明弘
- 「馬」が動かした日本史　蒲池明弘
- 文部省の研究　辻田真佐憲
- 古関裕而の昭和史　辻田真佐憲
- 写真で見る 日めくり日米開戦・終戦　共同通信編集委員室編
- 暴かれた伊達政宗「幕府転覆計画」　大泉光一
- 大日本史　山内昌之・佐藤優
- 日本史のツボ　本郷和人
- 承久の乱　本郷和人
- 権力の日本史　本郷和人
- 元号　所功・久禮旦雄・吉野健一
- 歴史の余白　浅見雅男
- 明治天皇はシャンパンがお好き　浅見雅男
- 皇位継承　高橋紘・所功
- 江戸のいちばん長い日　安藤優一郎
- 江戸の不動産　安藤優一郎
- 西郷隆盛と西南戦争を歩く　正亀賢司